LES PETITS ÉTATS DE L'EUROPE

LA RÉPUBLIQUE

DE

SAINT-MARIN

PAR

RAYMOND DE BOYER DE SAINTE-SUZANNE

In exesi montis cacumine Sanmarinum
oppidum, olim Acer mons dictum,
Perpetuæ Libertatis gloria clarum.
(FLAVIUS BLONDUS, *Ital. illustr.*)

PARIS
PAUL OLLENDORFF, ÉDITEUR
28 *bis*, RUE DE RICHELIEU, 28 *bis*.

1883

LA RÉPUBLIQUE

DE SAINT-MARIN

SAINT-QUENTIN. — IMPRIMERIE J. MOUREAU ET FILS.

LES PETITS ÉTATS DE L'EUROPE

LA RÉPUBLIQUE

DE

SAINT-MARIN

PAR

RAYMOND DE BOYER DE SAINTE-SUZANNE

In exesi montis cacumine Sanmarinum
oppidum, olim Acer mons dictum,
Perpetuœ Libertatis gloria clarum.
(FLAVIUS BLONDUS, *Ital. illustr.*)

PARIS

PAUL OLLENDORFF, ÉDITEUR

28 *bis*, RUE DE RICHELIEU, 28 *bis*

1883

A LEURS EXCELLENCES

MESSIEURS LES CAPITAINES RÉGENTS

DE LA RÉPUBLIQUE

HOMMAGE DE PROFOND RESPECT

Paris, mai 1883.

INTRODUCTION

On a bien souvent imprimé, et bien plus souvent encore répété : « Heureux les peuples qui n'ont pas d'histoire ! » Ce vieux cliché renferme certainement une dose de vérité, mais il faut faire des réserves et s'entendre clairement.

Qu'est-ce que l'histoire, sinon un ordre de faits dont l'ensemble se constitue par une série de guerres et de luttes pour conserver l'indépendance d'un peuple, pour agrandir son territoire, sa puissance et son influence extérieures. Malheureusement malgré le côté chevaleresque de la cause, il y a là encore trop de sang versé dans l'intérêt d'une ambition inutile, souvent dangereuse, pour qu'on ne puisse regretter, en effet, que ces fastes soient inscrits au front d'une nation. Souvent, au milieu des luttes glorieuses contre l'étranger, pour la défense du sol et de la liberté, l'écrivain impartial est forcé, au nom de l'exactitude et dans l'intérêt supérieur de la vérité, de constater les discordes civiles ou religieuses qui ont armé les fils d'une même patrie pour des combats sacrilèges. C'est alors qu'il est permis de la détester cette histoire, et de souhaiter que la nuit éternelle enveloppe de ses ombres, des annales où quelques rayons de vraie gloire sont éclipsés par les nuages sanglants de la guerre civile et des révolutions.

Dans ce sens, je m'écrierai toujours avec la foule : heureuses les nations qui n'ont pas d'histoire... Mais n'y a-t-il pas de par le monde, un peuple qui ait une histoire à la fois glorieuse et sans tache, dont l'existence se continue à travers les siècles, avec un seul but : garder son indépendance ; n'attaquant jamais, sans visée ambitieuse, se bornant à repousser avec une indomptable énergie toute tentative de domination extérieure ; libre, parce qu'il est sage ; fort, parce qu'il est uni ?

Eh bien oui ! ce peuple existe, pas bien loin de notre France, et cependant combien de gens ignorent jusqu'à son existence même. Je veux parler de la République de Saint-Marin. J'avais visité le petit État en touriste lors d'un voyage en Italie, et j'ai eu la curiosité de connaître son gouvernement, le plus ancien de l'Europe. J'ai cherché, j'ai fureté, j'ai lu, et j'ai vu de combien de sagesse, d'esprit politique, et en même temps de cet amour de la liberté qui est nécessaire pour donner la force de vaincre ceux qui veulent opprimer, Saint-Marin a fait preuve, au milieu des circonstances les plus difficiles et des bouleversements les plus graves. Je n'avais que de la curiosité en commençant mon étude, quand je l'eus achevée, c'est de l'amitié et une sincère admiration que j'ai éprouvées pour cette République qui fait si peu parler d'elle. Comme une honnête femme immaculée, qui vit dans le devoir et dont nul n'a souci!

Ce sont ces sentiments que je voudrais vous faire partager, lecteurs, et quand vous m'aurez suivi dans ce travail dont le plus grand mérite sera l'exactitude et la sincérité, vous penserez, comme moi, que si pour certaines nations qui emplissent le monde de leur nom et l'encombrent de leur puissance, il serait à souhaiter que l'histoire n'existât pas, il est consolant de voir cette même histoire n'enregistrer dans la vie d'un petit peuple, que des luttes glorieuses, qui n'ont jamais servi d'ambitieux projets de conquête, et saluer dans ses citoyens les apôtres inébranlables de la liberté !

CHAPITRE PREMIER

COMMENT ON SE REND A SAINT-MARIN

LA ROMAGNE A VOL D'OISEAU
RIMINI. — ARRIVÉE A SAINT-MARIN. — LA VILLE.
— SA SITUATION, SES MONUMENTS

Il est peu de Français, dans la partie aisée et lettrée de la population, qui n'aient visité au moins partiellement l'Italie. La rapidité du voyage en chemin de fer, les facilités que donnent les billets circulaires émis par les Compagnies, la modicité relative des frais de route, sont autant de motifs qui font franchir la frontière à ceux que poussent soit un simple sentiment de curiosité, soit l'envie de satisfaire des goûts artistiques par la contemplation d'incomparables chefs-d'œuvre !

Quand on n'est pas limité par le temps ou par son budget de voyage, on fait ce qu'on appelle la tournée complète, c'est-à-dire qu'après avoir pénétré en Italie par Modane et Turin, on visite Milan, Florence, Rome et Naples, pour revenir par Gênes et Vintimille. Venise, la reine de l'Adriatique, Bologne, la vieille et savante ville universitaire, voir même Vérone, l'antique cité aux superbes arènes, et dont les annales nous retracent les touchantes aventures de Romeo et de Juliette, ne seront pas oubliées.

Puis, rentré chez soi, dans le *home* parisien, ou dans la vieille maison de province, on est persuadé que l'on connaît à fond l'Italie, et que cette terre classique du beau n'a plus de secrets pour soi.

Il est bien peu de personnes, en effet, qui visitent la côte de l'Adriatique, de Ravenne à Brindisi. Sans offrir l'immense intérêt de leurs sœurs de la Méditerranée Gênes et Naples, Ravenne, Ancône, Rimini sont curieuses à voir, et évoquent des souvenirs historiques d'une grande puissance.

C'est sur cette côte un peu délaissée des touristes, lecteurs, que je vous invite à me suivre.

Notre point de départ sera Bologne, la ville chère aux gourmets et aux érudits.

Nous avons déjà admiré ses curiosités. En attendant le train, jetons encore un coup d'œil aux tours penchées, promenons-nous un peu sous ces arcades silencieuses où le bruit de nos pas semble troubler le recueillement de la cité.

Nous voici à la gare, et nous prenons au guichet de la ligne d'Ancône notre billet pour Rimini.

Bientôt le train s'ébranle, nous sommes en route. Dans le lointain, nous apercevons encore les derniers versants des Apennins. Un nom harmonieux prononcé à diverses reprises par le chef de train, et l'arrêt de la machine viennent me tirer de la lecture où je m'étais absorbé : Imola ! Imola ! nous sommes en Romagne.

C'est une ancienne province des États de l'Église, qui se trouvait comprise entre celle de Ferrare et celle d'Urbin. Ravenne en était le chef-lieu. Elle a subi bien des vicissitudes et passé par bien des mains.

Après l'invasion des barbares, au vi^e siècle,

elle forma le centre de l'exarchat de Ravenne ; le pape Étienne II la reçut de Pépin-le-Bref en 754, Charlemagne l'érigea en comté, puis elle fut donnée en 1221, par l'empereur Frédéric II, aux comtes de Hohenlohe.

Cependant la maison de Hohenstauffen qui depuis plus de cent ans, luttait avec une énergie et une habileté dignes d'une meilleure cause, pour enlever aux communes de la Lombardie leurs franchises et leurs libertés, et pour dompter l'Italie, allait s'éteindre sous la hache sanglante du bourreau.

Son dernier représentant, Conradin, élevé par sa mère, Élisabeth de Bavière, dans des traditions d'héroïsme, voulut enlever à Charles d'Anjou la possession de l'Italie méridionale. La bataille de Taglia-

cozzo acheva sa ruine et celle de sa dynastie.
Il fut fait prisonnier, et Charles d'Anjou,
sans pitié pour un héroïque vaincu, l'envoya
à l'échafaud (1268). Il n'avait que seize
ans !...

L'édifice si laborieusement construit par
les Hohenstauffen s'effondra ; les seigneurs
respirèrent, et se partagèrent leurs dé-
pouilles.

Guido Novello da Polenta, père de la
célèbre Françoise de Rimini, convoitait la
Romagne ; il profita du désarroi causé par
la mort de Conradin, et s'empara de Ravenne (1275). La maison de la Polenta
finit aussi d'une façon tragique. Venise,
dont l'ambition ne connaissait plus de
bornes, s'attaqua à Ravenne ; Ostasio III
ne fut pas plus heureux que le dernier des
Hohenstauffen, et Venise ne fut pas plus

clémente au vaincu que Charles d'Anjou.
Dépossédé, transporté dans l'Ile de Candie,
il fut mis à mort avec sa femme et ses enfants (1441),

J'achève rapidement cette esquisse.

En 1501, César Borgia, chasse les Vénitiens et devient duc de Romagne. De 1503
à 1777, cette province fait partie du domaine de la papauté. Rendue au pape en
1814, après s'être plusieurs fois soulevée,
elle finit en 1859-1860 par se donner au
Piémont. Aujourd'hui elle forme la province de Ravenne, et fait partie intégrante
du royaume d'Italie.

Pendant que ces souvenirs historiques
me reviennent à la mémoire, le train s'arrête à Faenza, célèbre par la faïence qui y
fut inventée. Puis viennent Forli, Cesène,
et enfin, après cent onze kilomètres de

route, nous entrons en gare de Rimini.

Rimini est une ville très intéressante, dont la splendeur dura tant qu'elle fut gouvernée par les Malatesta, c'est-à-dire pendant trois cents ans (1200-1503). Nous descendrons, si vous le voulez bien, à l'hôtel d'Aquila-d'Oro, autrement dit de l'Aigle-d'Or, au Corso, et après un repas confortable arrosé d'un petit vin de pays, qui n'est pas sans mérite, nous nous retirerons dans nos chambres à coucher, remettant au lendemain la visite de la ville, et notre départ pour Saint-Marin, le but de notre voyage.

*
* *

A tout seigneur, tout honneur.

Tout d'abord, l'antiquité nous réclame.

Voici, près de la porte Saint-Julien, le
magnifique pont construit sous Auguste et
Tibère. Puis, de l'autre côté de la ville, à
la porte Romaine, est un bel arc de triomphe, élevé en l'honneur d'Auguste, et qui
date de l'an 27 av. J.-C.

Citons pour mémoire les restes d'un am-
phithéâtre, qui n'offrent pas grand intérêt,
et rendons-nous à l'ancien forum, où se
trouve le *Piedestallo di Cesare*, pierre qui,
dit-on, servit de tribune à César, pour
haranguer l'armée après le passage du
Rubicon. Jetons un coup d'œil à l'église
San-Antonio, longeons Saint-François-de-
Paule qui lui fait face, et nous serons bientôt devant la cathédrale San-Francesco,
que l'on appelle aussi *Tempio dei Malatesta.*

Cet édifice, construit dans le style gothique italien, au milieu du XIVe siècle, fut restauré et décoré au XVe par le célèbre architecte Alberti. Je renonce à énumérer les tableaux, les bas-reliefs, les statues, les tombeaux des XVe et XIVe siècles que renferme San-Francesco. Je citerai seulement le mausolée de Sigismondo Malatesta qui mourut en 1468, après avoir présidé à la réalisation du plan grandiose d'Alberti.

Les autres monuments n'offrant que peu d'intérèt, nous profiterons du temps qui nous reste avant déjeuner, pour aller respirer la brise de l'Adriatique et visiter l'établissement des bains de mer. Si vous n'ètes pas marcheur, un tramway vous conduira à l'établissement ; mais, en touriste éprouvé, nous nous engagerons bravement à pied dans la jolie avenue qui traverse le chemin de fer, et, au bout de vingt minutes, les flots viendront mourir sous nos yeux.

Cela m'a rappelé beaucoup les bains de mer du Lido, à Venise, et je dois dire que je crois peu à l'avenir de Rimini, station balnéaire. Rentrons rapidement à l'hôtel, et, avant de réparer nos forces un peu entamées par nos courses matinales, rappelons à l'hôtelier que la voiture qui doit nous mener à Saint-Marin doit être prête à trois heures, car nous tenons à arriver avant le coucher du soleil.

*
* *

A l'heure dite, tout est prêt. La voiture est une espèce de cabriolet à deux roues, et je prends place à côté du cocher. Nous partons. La route est raide et montueuse, aussi marchons-nous lentement. Depuis Rimini jusqu'à Saint-Marin, nous allons nous élever de 750 mètres sur un parcours d'environ 18 kilomètres; la route est heureusement bien entretenue et, malgré le manque de souplesse des ressorts de notre guimbarde, nous ne sommes pas trop cahotés. Je regarde mon compagnon, le cocher Beppo. Ces Romagnols appartiennent à une race vraiment belle; le corps est vigoureux et souple, la taille bien prise, les extrémités fines; l'œil est profond et perçant à la fois. Au bout de quelques minutes, je m'aperçois que j'ai affaire à un homme intelligent et même lettré. Il sert quelquefois de cicerone à ces voyageurs d'occasion qui ne sauraient faire un pas seuls, en dehors de leurs sous-préfectures, et, pour bien s'acquitter de son emploi, il a beaucoup lu et retenu. Ce n'est pas un perroquet qui récite une leçon laborieusement apprise, c'est presque un philosophe, tirant des commentaires de l'histoire des aperçus souvent originaux sur les hommes et les choses. Pendant que, du haut du cabriolet, je contemplais les aspects variés de la route, tour à tour empreinte d'une poétique tristesse ou d'une sauvage grandeur, mais toujours pittoresque, je l'écoutais, et je croyais voir revivre, à travers les verdures sombres de l'Apennin, les grandes figures que son récit évoquait dans mon esprit.

Pendant que je devise avec Beppo, nous avons continué à nous élever et deux heures et demie environ après notre départ de Rimini, nous sommes parvenus au mont Titan ou des géants, un des points les plus élevés des Apennins (750 mètres).

Je laisse la voiture au village de Borgo et je me mets à gravir à pied la montée qui mène à la petite ville de Saint-Marin (en italien San-Marino), capitale de la république. Une antique muraille, fort maltraitée par le temps et se reliant au château-fort, entoure encore au sud la cité, où je pénètre bientôt par une porte ogivale, d'aspect grandiose, aux armes de la république. Le disque rouge du soleil couchant disparaît à l'horizon; la nuit va tomber.

Saint-Marin est situé sur la cime extrême du mont Titan, à 85 kilomètres nord-est de Florence, et 15 kilomètres de l'Adriatique. Sa population est d'environ 1,500 habitants. Les rochers à pic qui font face à l'Adriatique, lui servent de remparts naturels et lui donnent tout à fait l'aspect d'une ville fortifiée ; du reste, une véritable forteresse, appelée fort de la Rocca ou de la Roche, s'élève sur le sommet de la montagne et domine tout le territoire de la République.

L'aspect de la cité est essentiellement pittoresque ; les rues sont pour la plupart en escalier. Je me rendis à la Rocca : son ensemble est tout à fait féodal, et en la voyant sombre et imposante, avec ses vieilles murailles couronnées de créneaux et de mâchicoulis, dominée par un clocher carré qui me rappelait un peu celui du Palazzo vecchio de Florence, les souvenirs du moyen âge me revenaient en foule.

C'est là le Capitole de Saint-Marin, le palladium de ses libertés et de son indépendance, et, de son clocher, muet à cette heure, est parti bien souvent, dans les circonstances graves, le signal qui appelait les soldats aux armes ou les citoyens aux assemblées solennelles.

Mais le vent qui s'élève m'arrache à mes réflexions et je me hâte de jouir du splendide panorama qui se développe devant moi.

En face, les contours harmonieux et sévères de l'Apennin; derrière, les flots bleus de l'Adriatique, miroitant au loin sous les feux d'un soleil éclatant; au-dessous de moi, à mes pieds, le palais du conseil souverain, construction d'une grande simplicité, sorte de panthéon où sont pieusement conservés les bustes ou les portraits des citoyens qui ont contribué à la gloire de la république, soit par l'éclat et la grandeur de leurs services, soit en illustrant leurs noms dans les arts, les sciences ou les lettres ; puis , ça et là, les clochers des églises, et enfin, au bas de la montagne, j'aperçois la grotte d'Acquaviva.

En quittant la forteresse, je me dirigeai vers le monument le plus important de la république, l'*Église de Saint-Marin*. Dans le courant de l'année 1726, le gouvernement San-Marinais résolut d'élever un temple qui put témoigner dans le présent et dans l'avenir de la reconnaissance et de la vénération du Titan pour son fondateur. Ce fut sur l'emplacement de l'ancienne église que l'on construisit le nouvel édifice, dont la première pierre fut posée avec la plus grande solennité par l'évêque de Montefeltre. L'aspect dn monument est simple, l'ensemble élégant ; une colonnade d'ordre corinthien en orne la façade, et un auteur contemporain l'a comparé, avec assez de raison, à une réduction de la Madeleine. On y accède par un escalier grandiose; l'intérieur a trois nefs, et le chœur est entouré d'un péristyle à colonnes isolées. Le regard est immédiatement attiré par le monument funèbre élevé à la mémoire du patron de la ville, fondateur de la république. Il consiste en un lit funéraire, renfermant le cercueil du saint et dominé par sa statue en marbre blanc; cette œuvre remarquable a été exécutée à Rome, par un professeur de Bologne, Adamo Taddolini.

L'inscription suivante est gravée sur la pierre :

DIVO MARINO PATRONO
LIBERTATIS AUCTORI

Un peu plus loin se trouve le mausolée du consul Onofri, le *Père de la Patrie*, mort en 1825.

Outre cette église principale, qui est la cathédrale (la pieve) le petit État en possède plusieurs autres, ainsi que quatre couvents (Conventuels, Capucins, Frères de Marie, et Clarisses).

Signalons encore le Palais-de-Justice, ou plus simplement la maison du tribunal, vaste et commode, mais sans aucun caractère architectural.

CHAPITRE II

LE FONDATEUR

I. — L'HISTOIRE

En l'année 304, Galère, gendre et lieutenant de Dioclétien, arracha à cet empereur un édit de persécution contre les chrétiens.

A cette époque, vivait à Rimini, un maçon dalmate, nommé Marinus, qui était employé comme ouvrier à la construction du pont de cette ville. Il allait quelquefois sur le mont Titan, pour y chercher les matériaux nécessaires aux travaux, et il re-

connut bientôt que ce lieu offrirait un sûr
abri aux chrétiens, fuyant les horreurs de
la persécution, qui pourraient y pratiquer
librement leur culte dans le calme et la
solitude.

L'évêque de Rimini, Gaudenzio, avait
remarqué la piété et les vertus du chrétien
dalmate, et il résolut d'en faire son coopé-
rateur dans l'œuvre de sainte propagande
qu'il avait entreprise. Marinus, eut pour
compagnon un prêtre nommé Léo qui, depuis, parvint à la dignité épiscopale, tandis
que Marinus se contentait des simples fonctions de lévite. Tous deux, émus des troubles
violents qui agitaient la contrée, et des
traitements cruels auxquels ils étaient en
butte à Rimini, cherchèrent un lieu calme
et paisible pour y cacher leurs vertus et y
abriter leur foi !

Marinus, se souvenant du Titan, dirigea ses pas vers la montagne, et, dans une grotte creusée dans le rocher, il installa son habitation et transporta ses hardes.

Mais les coreligionnaires du nouvel ermite, ne tardèrent pas à connaître le chemin de sa retraite, et, bientôt, autour de Marinus, venaient se grouper, les compagnons de ses anciennes souffrances, et les néophytes qui accouraient auprès de lui pour apprendre les premiers éléments de la morale et de la foi, et recevoir la leçon suprême de la vertu, l'exemple !

Grâce aux bonnes œuvres de Marinus, et aux miracles dus à son intervention, le mont Titan fut donné au saint ermite en toute propriété.

Une dame romaine, nommée Félicissima, habitait les environs et possédait dans la contrée des domaines considérables.

Ennemie acharnée de la religion chrétienne, le bruit de la renommée de Marinus était venu jusqu'à elle et avait surexcité sa colère. Félicissima fit partager ses sentiments à ses deux fils, qui servaient dans la garde des empereurs, et qui résolurent de se rendre près du courageux chrétien, pour le châtier de l'audace qu'il avait eue en installant le nouveau culte sur leurs propres domaines !

Mais en présence du pieux ermite, en face de son attitude ferme et modérée devant les menaces qu'ils lui ont fait entendre dès l'abord, un revirement ne tarde pas à se produire dans leur esprit, et ils partent sans avoir accompli leurs desseins.

La course qu'ils avaient accomplie en toute hâte sous un soleil brûlant, le vent glacé auquel ils s'étaient trouvés exposés pendant leur court séjour sur le plateau, ne tardent pas à déterminer un malaise, qu'ils n'hésitent pas attribuer à l'influence du solitaire. Félicissima partage leurs appré-hensions, et, n'écoutant plus que son cœur de mère, la païenne fanatique de la veille, va supplier Marinus de guérir ses enfants. Le saint homme se rend à ses désirs, donne aux malades ses soins les plus dévoués, les guérit ; et la conversion de toute la famille vient récompenser la foi et la charité du solitaire.

Félicissima, pour témoigner sa reconnais-sance à Marinus, lui donna en toute pro-priété le mont Titan.

Devenu le chef et le pasteur de la petite communauté, Marinus n'eut qu'une pen-sée : maintenir ses fidèles compagnons dans les principes et les sentiments qui les avaient assemblés, et dans le culte divin qui en était l'expression ! Aussi, à son petit ermitage, fit-il ajouter une église, qui devint le lieu de réunion des premiers habitants du Titan.

C'est ainsi que vécut Marinus, partageant sa vie entre les exercices pieux, les œuvres charitables, et les travaux manuels nécessaires à assurer son existence et celle de ses compagnons.

C'est ainsi qu'il a fondé, avec l'appui de la religion et de la morale, une société unie dans la sagesse et la vertu, à laquelle il a légué en mourant la simplicité des mœurs, et l'indépendance : héritage sacré, qui fut pieusement recueilli par les populations qui, depuis quinze siècles, se sont succédé sur la montagne qui porte son nom.

Il faut bien comprendre l'esprit qui présida à la fondation de Saint-Marin. Ce fut d'abord une agrégation sociale, réunissant dans une union vraiment monastique, des hommes de foi chrétienne, tous célibataires ; des éléments nouveaux, puisés toujours dans le même ordre de fidèles, venaient remplir les vides creusés par la mort, ou même accroître le nombre des vivants. Mais, avec le temps, la société, purement religieuse à l'origine, va faire une place dans son sein à la vie civile ; et autour de l'église nouvellement construite viendront se grouper les habitations d'individus, chrétiens aussi, mais n'ayant pas renoncé comme leurs prédécesseurs, aux joies de la famille. Le mont Titan est d'un accès difficile, on y est à l'abri de la persécution, les luttes déchirantes de l'empire romain expirant, n'y ont qu'un écho affaibli ; aussi la petite communauté s'accroît-elle rapidement, et devient-elle bientôt un petit peuple !

L'éminent historien Melchiore Delfico, fait remarquer avec beaucoup de raison que l'origine et la fondation de la république de Saint-Marin n'offrent rien d'analogue dans l'histoire du monde. Aux temps barbares, dit-il, en Italie aussi bien que dans d'autres contrées, des populations nouvelles prirent naissance et choisissant le lieu de leur établissement devinrent en quelque sorte les annexes de communautés monastiques. La preuve en est encore dans leur dénomination même, comme nous le voyons par les noms de Badie, Ospedaletti, Castelli dell'Abbate, Monisteri, etc... Mais leur origine fut bien différente de celle de la population du Titan. Ces appendices monastiques, en effet, naquirent toujours des familles d'*esclaves* ou de *colons inscrits*, se multipliant dans une promiscuité sacro-profane : Saint-Marin, au contraire fut formé par des hommes *libres*, de tous points indépendants et réunis seulement par les liens privilégiés de la fraternité chrétienne et sociale[1] !

1. Voir M. Delfico, *Memorie di San-Marino*, tome I.

II. — LA LÉGENDE.

Nous venons de voir ce que l'histoire nous apprend sur saint Marin et la fondation de la République du Titan. Écoutons maintenant ce que raconte la légende.

Nous laisserons la parole au R. Père François Giry, ancien provincial des Minimes qui, dans sa *Vie des saints*, nous donne un récit plein d'une naïveté charmante et d'un grand intérêt, auquel nous nous ferions un scrupule d'ajouter quelque chose :

« Nous donnons cette vie au public après

le saint prélat Pierre de Natalibus, pour ne pas priver les maçons, dont il y a si grand nombre dans le monde, de la consolation de voir un homme de leur profession parmi les saints et les plus glorieux confesseurs de Jésus-Christ.

« Il naquit en Dalmatie de parents chrétiens, au temps que les empereurs romains étaient le plus acharnés contre la religion chrétienne. Son éducation fut toute sainte, et il commença à craindre Dieu dès ses plus faibles années. Comme il était de condition médiocre, il prit une humble vocation pour gagner sa vie, qui fut celle de tailleur de pierre, se joignant pour cela à saint Lée ou Léon, son compatriote. Le peu de dépense qu'il faisait pour sa propre personne lui laissait toujours du reste pour faire l'aumône. Il employait la principale partie de la nuit et du temps de son repas à la prière, et pour les jours destinés au service de Dieu, il les passait presque tout entiers en des exercices de dévotion.

« En ce temps là, la ville de Rimini en Italie, ayant été détruite, les Empereurs romains assemblèrent beaucoup de maçons et de tailleurs de pierre pour la rebâtir.

« Saint Marin et saint Léon, espérant y faire un gain considérable, s'y transportèrent avec beaucoup d'autres de leur pays ; mais ils furent bien étonnés d'y trouver une multitude de chrétiens de bonne naissance que l'on avait condamnés à ce travail, et à qui les intendants des ouvrages donnaient des tâches qui surpassaient leurs forces, ce qui faisait que, ne les pouvant achever, ils étaient rompus de coups de bâton et de nerf de bœuf. Cette cruauté obligea nos saints de les aider à tirer les pierres des carrières, à porter les grands fardeaux dont on les chargeait, et à leur rendre mille autres bons offices, et ils achetèrent même une bête de somme pour les soulager dans le transport des matériaux qu'on les contraignait de porter en des hottes sur leurs épaules.

« Après trois ans de cet exercice de charité, qui ne les empêchait pas de travailler de leur métier pour leur subsistance et pour continuer leurs aumônes, saint Léon se retira sur le Mont-Feltro, où depuis on a bâti une ville épiscopale qui porte son nom, s'appelant Leopole ou San-Leone.

« Pour saint Marin, il demeura à Rimini jusqu'à ce que les édifices en fussent achevés, continuant toujours d'assister les fidèles de toutes les manières qui lui étaient possibles;

et ce qui est surprenant, c'est que nonobstant ses grandes fatigues, il ne laissait pas de s'acquitter fidèlement de ses prières et de ses dévotions ordinaires, et d'affliger son corps par de longs jeûnes et d'autres austérités peu compatibles avec un travail si opiniâtre.

« Mais, quand la ville fut toute rebâtie, le Saint-Esprit le remplit si abondamment de sa lumière et du don de la parole, qu'il commença à prêcher la Foi pour attirer les idolâtres à la connaissance de Jésus-Christ.

« Sa prédication ne fut pas sans fruit, car il eut le bonheur de convertir plusieurs païens, et même quelques prêtres des idoles, qui quittèrent cet exercice impie et sacrilège, pour faire profession de christianisme. Le démon ne pouvant souffrir cet heureux succès, voulut jouer un tour à notre saint.

Il fit venir une femme de Dalmatie, qui soutenait que saint Marin était son mari, et qu'il devait la prendre auprès de lui. Son effronterie alla jusqu'au point de l'assigner pour cela devant le juge, et de l'accuser en même temps d'être chrétien.

« L'homme de Dieu, ne craignait ni la mort, ni les tourments, mais appréhendant que le Préfet, par aversion de sa religion, ne l'obligeât d'habiter avec cette méchante femme, qui ne lui était de rien, il s'enfuit secrètement sur le mont Titan, à qui il a donné son nom, où il demeura caché un an entier dans une grotte, sans voir personne, et dans une séparation générale de tout ce qu'il y avait d'hommes sur la terre.

« Sa vie dans cette caverne fut admirable : il ne prenait que des racines et des herbes sauvages, qu'il trouvait aux environs, avec de l'eau qui coulait goutte à goutte de la roche ; encore ne prenait-il rien qu'après none pour observer un jeûne continuel. Son sommeil était si court, qu'il ne méritait pas d'être appelé repos ; aussi quel repos pouvait-il prendre sur un caillou, qui, bien loin de soulager son corps, le tourmentait encore par sa dureté ?

« Il observait à la lettre ce que notre Seigneur recommande dans l'Évangile, de prier toujours et de ne jamais cesser ; car ou il chantait des psaumes, ou il était appliqué à la contemplation des vérités divines.

« Le malin esprit ne pouvant supporter une si grande sainteté, faisait souvent paraître autour de sa porte toutes sortes de bêtes sauvages qui jetaient des cris et des hurlements épouvantables ; mais le saint, se munissant du signe de la croix, demeurait intrépide, et contraignait par sa constance, cet ennemi des hommes de lui quitter le champ de bataille. Après un an, il fut découvert par des bouviers, qui le décelèrent et le firent connaître dans la ville.

« Cette femme, qui lui avait déjà fait un procès, le vint trouver pour lui réitérer ses poursuites; mais, comme elle n'agissait que par l'opération du démon, dont elle était possédée, le saint ayant fait sur elle le signe salutaire de la croix, et l'ayant heureusement délivrée d'un hôte si pernicieux, il la renvoya toute convertie.

« Sa réputation se répandit incontinent après, par tout le pays, et plusieurs le vinrent trouver pour recevoir de sa charité, ou de l'instruction dans leur ignorance, ou du soulagement dans leurs prières.

« Il fit de grandes conversions; et entre

autres, un homme de qualité qui le voulait chasser de sa grotte, ayant été pour cela puni sur le champ de paralysie, il le guérit au corps et en l'âme, lui faisant embrasser la foi, avec cinquante-trois personnes de sa famille.

« L'Évêque de Rimini, touché de tant de merveilles, l'appela à la ville et lui conféra l'ordre de Diacre, afin qu'il pût baptiser solennellement ceux qu'il attirait à la religion chrétienne. . . . .

« Saint Marin s'en retourna ensuite à sa caverne, où il continua ses exercices jusqu'à sa mort. . . . .

« Son saint corps fut enterré dans sa propre cellule, qu'il avait changée en oratoire. On y a depuis bâti une ville qu'on appelle San-Marino, qui n'est éloignée de San-Leone que de cinq milles. Elle est capitale d'une petite république, qui est appelée République de Saint-Marin.

« Pour la grotte où il a vécu si saintement, on la nomme : *Pœna. S. Marini*, la pénitence de saint Marin. »

CHAPITRE III

HISTOIRE DE LA RÉPUBLIQUE

DE SAINT-MARIN

I. — SAINT-MARIN DEPUIS LA CHUTE DE L'EMPIRE ROMAIN JUSQU'AU XIIe SIÈCLE.

« A la place du monde romain surgit l'Église solitaire, au milieu d'un cimetière immense dont les villes antiques ruinées forment les tombes. Du sommet de cette église, le pape regarde autour de lui et il s'écrie épouvanté : « Toute la terre est dans la solitude ! *In solitudine vacat terra.* »

Ce pape, dont Edgard Quinet, vient de nous citer les paroles, était Grégoire-le-

Grand; il comprenait toute la grandeur de la tâche qui incombait à la papauté, en présence de la situation désespérée où se trouvait l'Italie et il se mit courageusement à l'œuvre.

Lui et ses successeurs eurent à lutter contre les incursions des Lombards, à défendre l'Italie contre les musulmans, à s'opposer aux violences des empereurs d'Orient. En même temps les soins intérieurs de l'Église exigeaient une main ferme et vigilante, car le clergé d'alors souffrait de deux maux terribles, l'ignorance et la corruption.

Pendant cette période troublée, Saint-Marin vécut dans le calme et la paix; la population groupée autour de son église était déjà relativement considérable, et pourvue d'assez grandes ressources.

Cette existence de saint Marin est authentiquement constatée par un document du ixe siècle, qui est déposé aux archives de la République et qui a été publié par Marini.

Cette charte reconnaît à Stefano, les titres de *Presbiter et Abbas Sancti-Marini*, ce qui indique qu'il n'était pas l'abbé d'un monastère, mais bien le chef de l'Église et du clergé ; du reste, plus loin, on lui donne le titre de *recteur*.

Au xe siècle, Saint-Marin se fortifia contre les incursions des barbares ; on n'eut que peu de choses à faire pour compléter l'œuvre de la nature, et c'est dans son château-fort que Bérenger II, roi d'Italie, et une partie de ses gens se réfugièrent, alors qu'ils fuyaient les armes victorieuses d'Othon-le-Grand, roi de Germanie (952).

Cependant la population s'était augmentée dans une assez grande proportion, et des agrandissements de territoire étaient devenus nécessaires. Saint-Marin, pour reculer ses frontières, n'eut pas recours aux armes. Dédaignant la violence, ses habitants se conformèrent à la doctrine de leur fondateur en s'adressant loyalement à leurs voisins, les seigneurs de Carpegna, qui leur vendirent des terres en toute propriété et juridiction ; ils achetèrent en même temps le monastère de San-Grégorio in Conca.

Ce fut donc au xie siècle, qu'eut lieu la première expansion territoriale de la petite République.

II. — LES GUELFES ET LES GIBELINS.
DÉMÊLÉS DE SAINT-MARIN AVEC LES PODESTATS.
PREMIÈRE RECONNAISSANCE
DE L'INDÉPENDANCE DU TITAN.

Edgard Quinet, dans son introduction à sa belle histoire des *Révolutions d'Italie*, a écrit ceci : « Quiconque veut apprendre comment une nation chrétienne peut mourir et renaître plusieurs fois, qu'il regarde du côté de l'Italie ; c'est le vase brisé que le prophète jette sur le chemin des peuples modernes.

. . . .

« L'Italie porte en soi toutes les blessures. Les maux que nous souffrons, elle les a épuisés ; les questions qui nous agitent, elle les a traversées ; révolutions politiques et sociales, guerres de classes, combats séculaires des bourgeois et des ouvriers, proscriptions du peuple par la noblesse, de la noblesse par le peuple, des riches par les pauvres, des pauvres par les riches, invasions de l'étranger, dynasties imposées, tour à tour renversées et rétablies. . . »

Parmi ces luttes et ces discordes auxquelles fait allusion Edgard Quinet, l'histoire mentionne au premier rang le célèbre antagonisme des Guelfes et des Gibelins.

Née en Allemagne au xiiᵉ siècle, transportée ensuite en Italie, la lutte entre ces deux partis s'y prolongea pendant un long espace de deux siècles. Tout d'abord le parti Guelfe comprenait les partisans de l'indépendance italienne, et par suite des papes qui la défendaient, tandis que sous la bannière des Gibelins se rangeaient les amis des empereurs de la maison de Souabe, qui prétendaient à l'asservissement de la Péninsule.

Mais aux XIIIe et XIVe siècles, les deux partis ne servent plus les grands intérêts italiens ou impériaux. Sur les querelles générales, des querelles particulières sont venues se greffer, qui font que dans les villes d'Italie, un Gibelin n'est plus qu'un partisan de l'aristocratie ou de quelque autorité que ce soit, tandis que Guelfe signifie démocratie, liberté, mais liberté poussée quelquefois jusqu'à la licence.

Le *comune* de Saint-Marin avait son territoire enclavé dans le comté de Monte-feltre, dont les habitants appartenaient presque tous au parti gibelin ; l'intérêt des

San-Marinais était donc de servir la même cause que leurs voisins. Il y avait alors dans les provinces des assemblées générales, qui se réunissaient dans le chef-lieu désigné par le podestat et où s'agitaient les grandes questions qui, au point de vue de l'intérêt général, regardaient les diverses populations fixées sur le territoire provincial. La guerre, par exemple, était une de ces questions capitales qui pouvaient provoquer ces réunions, auxquelles tout territoire appartenant à la province était tenu de se faire représenter. C'est à ce titre, que le *comune* de Saint-Marin assista aux assemblées générales tenues par le podestat de Montefeltre ou des terres de l'Église *Férétrine*. Ces assemblées décrétaient les prestations et répartissaient les charges de la guerre proportionnellement à l'étendue et aux ressources des territoires. Saint-Marin, en se soumettant à ces décisions, ne faisait pas acte de dépendance et de sujétion envers un pouvoir étranger, car il s'agissait là d'une cause commune dont ne pouvait se désintéresser sans danger une petite population.

Donc, par la force des choses, Saint-Marin se trouva mêlé aux luttes des deux partis qui allaient ensanglanter la Romagne. Les plus puissants seigneurs du pays se trouvèrent aux prises ; à la tête des Guelfes combattait Malatesta de Verruchio, tandis que les Gibelins reconnaissaient pour chef le comte Guido de Montefeltre. Sous les ordres de ce dernier était placé un des plus vaillants soldats de la Romagne, Guido de Carpegna, qui fut pour Saint-Marin un ami et un défenseur. Cette lutte terrible fut signalée par de sanglantes atrocités, et les liens du sang n'empêchèrent pas le combat entre les membres d'une même famille.

La paix générale de Romagne vint enfin mettre un terme à cette guerre désastreuse (1292). Elle fut conclue par les Bolognais, avec les villes d'Imola, Faenza, Forli, Cesena, Castrocaro, et autres lieux.

Quelques années avant cet heureux événement, l'histoire mentionne un fait capital au point de vue qui nous occupe; il s'agit de la première reconnaissance authentique et officielle de l'indépendance de Saint-Marin.

Hildebrand, évêque d'Arezzo, gouvernait en Romagne (1291-1294). Le chanoine Théodoric qui administrait pour lui le comté de Montefeltre, en qualité de vicaire ou po-

destat, se mit en tête de prélever des contributions sur le territoire de Saint-Marin.
Les San-Marinais résistèrent énergiquement aux prétentions de Théodoric ; celui-
ci, qui, chose rare à cette époque troublée,
était un ami de la justice et de la paix, ne
voulut pas recourir aux moyens violents
pour trancher la question. D'un commun
accord on s'en remit à l'arbitrage d'un
tiers. Palamède, juge de Rimini, dont le
caractère intègre et la science juridique
étaient en haute estime dans le pays, fut
choisi pour arbitre. Il examina les faits,
discuta les arguments, pesa les motifs des
deux parties, et rendit un avis, une consul-
tation, dirait-on aujourd'hui, dans lequel
il déclara que le *comune*, l'université et
les citoyens de Saint-Marin devaient être
exempts de tout paiement, et cela parce

qu'ils étaient libres de toute servitude et de toute domination ou pouvoir étranger.

Le chanoine Théodoric fut bien un peu marri de voir ses demandes ainsi écartées, et ses prétentions aussi formellement repoussées ; mais c'était un homme d'honneur, et il s'exécuta galamment.

Il fit publier avec solennité et éclat la sentence qui lui était contraire, et le fait fut relaté dans une charte où nous lisons :

« *Ipse dominus Theodoricus canonicus fuit ad castrum Sancti-Marini, unà cum ipso domino Palamede, et ibi in dicto castro tulit sententiam palàm omnibus volentibus audire potuerunt.* »

C'est ainsi que fut reconnue la liberté originaire du peuple de Saint-Marin, qui depuis lors, entoura de vénération et d'amour les noms de Palamède et de Théodoric.

La question paraissait tranchée pour
longtemps, lorsque quelques années après,
en 1296, les podestats Férétrins soule-
vèrent les mêmes prétentions, et renouve-
lèrent la même tentative. Cette fois, les
San-Marinais eurent recours à la haute
intervention du pape Boniface. Le Saint-
Père voulant connaître la réalité des faits,
en confia l'examen à deux prélats assis-
tants au trône pontifical, qui eux-mêmes
déléguèrent la cause à Ranieri, abbé du
monastère de Saint-Anastase, situé à trois
milles de Saint-Marin, dans le diocèse
Férétrin. Le syndic San-Marinais se mit en
rapport avec l'abbé ou ses délégués. Tout
porte à croire, malgré l'absence de documents authentiques à ce sujet, qu'après
avoir discuté et examiné l'affaire, l'abbé
se prononça comme Palamède, en faveur

de Saint-Marin, et que le podestat se soumit à sa décision conforme à la justice et au droit.

Ce qu'il y a de certain, c'est que depuis lors, les podestats ne mirent plus jamais en discussion l'indépendance de Saint-Marin.

III. — ANTAGONISME DE SAINT-MARIN ET DE L'ÉVÊCHÉ DE MONTEFELTRE.

Nous venons de voir la liberté San-Marinaise menacée par les podestats ; pendant le XIV⁰ siècle, nous aurons à nous occuper des démêlés du peuple du Titan avec les évêques de Montefeltre.

Le podestat, l'évêque, tels sont en effet les deux pouvoirs qui à cette époque gouvernent, en s'appuyant généralement sur la tyrannie et l'arbitraire. « Le cosmopolitisme informe, qui est en partie l'âme de l'Italie au moyen âge, a dit Edgard Quinet,

se marque surtout par une magistrature
dont l'équivalent ne se rencontre dans
aucun autre peuple. Si l'on regarde la constitution intérieure de ces États, on voit que,
différents en apparence, ils se ressemblent
tous par ce phénomène extraordinaire, que
la magistrature suprême y est toujours
donnée à un étranger, c'est le podestat. Le
chef de l'État doit être élu en dehors de
l'État, et la patrie gouvernée par un
homme qui n'appartient pas à la patrie. »

. . . .

Voilà un portrait fidèle du podestat, rien
d'étonnant, dès lors, à ce que l'homme
investi de cette haute magistrature, étranger vivant au milieu d'étrangers, n'ait pas
une notion bien exacte des idées de patrie
et de liberté, et croie pouvoir imposer ses
volontés à un petit peuple dont la plus

grande force réside dans l'amour de son indépendance.

Et cependant, dans cette époque troublée, nous avons vu les podestats agir avec franchise et loyauté : nous les avons vus répudier les moyens violents pour n'écouter que les conseils de la justice et du droit !

A côté du podestat, l'autorité de l'évêque, envahissante, mal définie, source de conflits, étouffe dans le domaine spirituel où elle devrait se renfermer, et se manifeste trop souvent au dehors par le plus terrible des fléaux, la guerre !

Saint-Marin avait trouvé dans la personne des podestats des contradicteurs loyaux, probes, honnêtes. Au contraire, la violence et la force seront les armes que les évêques mettront au service de la fourberie, du mensonge et de la déloyauté, pour essayer d'arracher au peuple du Titan, sa liberté et son indépendance !...

Au commencement du XIV⁰ siècle, Saint-Marin était cité comme une des forteresses les plus importantes de la Romagne, et les occasions de montrer combien forte était sa position, ne lui manquèrent pas.

L'évêque de Montefeltre, Uberto, ayant eu des démêlés avec le peuple du Titan, les San-Marinais durent recourir aux armes pour la défense de leurs droits. Ils s'emparèrent de plusieurs châteaux-forts, et après la mort d'Uberto forcèrent son successeur Benvenuto à une paix qui fut signée le 16 septembre 1320.

L'évêque Benvenuto fut l'ennemi le plus acharné de l'indépendance de Saint-Marin ; fourbe et menteur, s'il avait signé la paix, ce n'était que contraint par la force, et il méditait une terrible revanche.

Renonçant à l'emploi de la force armée, qui lui avait si mal réussi, il imagina la combinaison suivante : arriver à faire intervenir un contrat par lequel Saint-Marin aurait été vendu à Rimini, mais en réalité aux Malatesta, ennemis séculaires du peuple du Titan. Pour arriver à ses fins, l'évêque s'adressa au Pape. Le trône pontifical était occupé alors par Jean XXII, homme de caractère et d'énergie, qui, héritier des prétentions à la suprématie temporelle de l'Europe que les papes élevaient depuis Grégoire VII, saisissait toutes les occasions d'affirmer l'impérieuse autorité de la Tiare.

L'évêque Benvenuto connaissait les sentiments du véritable fondateur de la puissance papale ; agissant sous l'inspiration de l'ambition et de la vengeance, et au moyen d'assertions inexactes, il prétendit prouver à Jean XXII, combien l'acquisition de Saint-Marin serait utile aux intérêts de l'Eglise Férétrine, et conforme aux droits du Saint-Siège.

Il parla des fidèles de la Romagne, mettant en avant l'intérêt général de toute une province, quand, en réalité, il ne servait que les intérêts privés d'une famille de Rimini, les Malatesta.

Le Pape ordonna à son légat d'examiner l'affaire, et dans le cas où le contrat en question serait vraiment avantageux pour l'Eglise Férétrine, de le faire exécuter !

Tout semblait donc favoriser les desseins de l'évêque contre Saint-Marin.

Néanmoins, en présence de l'attitude énergique des descendants de Marinus, Rimini et les Malatesta eux-mêmes renoncèrent à leurs projets; ils demandèrent la paix.

Saint-Marin, qui venait de perdre un de ses plus vaillants alliés, le comte Federico d'Urbin, assassiné dans une émeute, ne la refusa pas (1322).

Quelque temps après, l'évêque Benvenuto était chassé de San-Léo par le bâtard Nicolas de Montefeltre. Vaincu, abandonné de tous, il vint se réfugier sur le mont Titan, et c'est à Saint-Marin qu'il avait poursuivi de sa haine, c'est à Saint-Marin dont il avait voulu vendre l'indépendance et trafiquer les libertés, qu'il trouva un sûr abri contre le violent orage qui venait d'emporter sa fortune et sa puissance !

Quel plus bel éloge pour un peuple, que ce fait consacré par l'histoire !

En 1354, le cardinal Egidio Albornozzi, légat apostolique, vint en Romagne pour y rétablir l'autorité de l'Eglise. Par une sentence en date du 25 août 1360, il reconnut et confirma solennellement l'indépendance et l'autonomie de Saint-Marin.

Son successeur, le cardinal Anglico, frère du pape Urbain V, témoigna également au petit peuple, de la bienveillance et de l'amitié.

L'année 1375 fut signalée par un complot qui faillit mettre Saint-Marin en péril, mais qui fut heureusement déjoué.

L'évêque de Montefeltre, Claro, d'accord avec le podestat, réussit à corrompre un San-Marinais nommé Giacomo Pelizzarro, qui devait leur livrer la citadelle. Mais le complot fut découvert, et Pelizzarro condamné à mort et exécuté.

Jusqu'à la fin de ce siècle si troublé, l'antagonisme de Saint-Marin et de l'évêché de Montefeltre devait se prolonger. L'évêque Benedetto, que son mérite avait fait parvenir aux plus hautes magistratures de la Romagne, renouvela contre l'indépendance du Titan la tentative de Benvenuto. Il adressa au Saint-Siège un mémoire dans lequel il prétendait que la discorde et les dissensions intestines désolaient Saint-Marin, ajoutant qu'il était urgent de trouver les moyens nécessaires pour rendre à ce pays la tranquillité et la paix. Le pape Boniface, conformément aux demandes de l'évêque, lui accorda une juridiction spirituelle spéciale, susceptible de se transformer, avec le temps, en un véritable pouvoir temporel.

Les San-Marinais, ne se laissant pas émouvoir, n'en continuèrent pas moins à jouir de leurs libertés et à mettre en pratique leur mode de gouvernement. Et grâce à leur sang-froid, et à l'intervention des comtes d'Urbin, le conflit fut définitivement écarté.

IV. — SITUATION DE LA RÉPUBLIQUE AU XVe SIÈCLE.
TENTATIVES DE CÉSAR BORGIA CONTRE SON INDÉPENDANCE.
AFFAIRE DU 4 JUIN 1542.

Au milieu des luttes sanglantes qui désolèrent l'Italie au xve siècle, les San-Marinais restèrent les alliés loyaux et les amis constants des seigneurs de Montefeltre et d'Urbin. Ils se distinguèrent notamment sous la conduite du comte Guido d'Urbin, et combattirent en sa faveur contre les Malatesta... C'est également contre un membre de cette famille, appelé Sigismond (Malatesta), qu'ils eurent à lutter, à l'instigation d'Alphonse d'Aragon et du pape Pie II. La possession du château-fort de Fiorentino fut la récompense de leur vaillante conduite. Sigismond cependant était un rude adversaire, il reprit bientôt les armes, et les San-Marinais durent de nouveau güerroyer contre lui; il fut vaincu enfin, réduit à l'impuissance, dépouillé de ses États. Saint-Marin, pour prix de ses glorieux efforts, reçut les châteaux-forts de Mongiardino et de Serravalle avec leurs *corti*, ainsi que la *corte* de celui de Fiorentino. Le pape, par un bref du 26 juin 1643, confirma et sanctionna la prise de possession de tous ces territoires.

C'est ainsi, qu'à la fin du xve siècle, nous trouvons Saint-Marin libre et fort. Son indépendance est reconnue et proclamée par le Pape, le roi de Naples et les autres princes et républiques de l'Italie. La loyauté de sa politique, la bravoure de ses soldats, la force de sa situation et la puissance de ses moyens de défense rendent son amitié précieuse pour ses alliés, et imposent le respect à ses adversaires.

César Borgia, fils naturel du pape Alexandre VI, avait été créé cardinal en 1492 ; en 1498, il fut envoyé auprès du roi de France, auquel il apporta la bulle qui autorisait son divorce. Louis XII, lui donna en récompense le duché de Valentinois, et, quelque temps après, le nouveau duc de Valence épousait une sœur de Jean d'Albret, roi de Navarre. Mis par son père, en 1501, à la tête de la Romagne, il employa tous les moyens que peuvent suggérer l'ambition la plus effrénée, et l'orgueil le plus cruel, pour faire rentrer cette province dans le domaine du Saint-Siège. Ne reculant pas devant les plus odieuses trahisons, il allait sans hésiter jusqu'au crime pour accomplir ses desseins ; la terreur fut son premier moyen de gouvernement, et le bourreau qui l'accompagnait sans cesse, fut son premier ministre !

Les États des Malatesta de Rimini, des Sforza de Pesaro, et de bien d'autres seigneurs de Romagne, tombèrent successivement entre les mains de César Borgia. L'ami et l'allié fidèle de Saint-Marin, le duc d'Urbin Guidobaldo, pouvait espérer d'échapper à l'ambition dévorante du fils d'Alexandre VI, car il entretenait avec la Cour de Rome les meilleures relations, et était adoré de ses peuples qui vénéraient en lui le prince le plus sage de l'Italie. Ces considérations ne devaient pas arrêter

Borgia, et si les San-Marinais n'avaient pas envoyé au duc d'Urbin des émissaires pour hâter et favoriser sa fuite, il eût très probablement péri sous la hache du bourreau!

César dut se contenter d'occuper les États de Guidobaldo, qui s'était réfugié à Venise.

Cependant, en présence des protestations énergiques du peuple d'Urbin, et en face de la difficulté où il se trouvait de maintenir sous sa domination des citoyens exaspérés par la soldatesque étrangère et l'exil d'un prince bien-aimé, César Borgia se résolut à rappeler le duc Guidobaldo, et à le remettre en possession d'une partie de ses États.

A ce sujet, une convention intervint, et Guidobaldo, se souvenant de l'amitié dont Saint-Marin lui avait donné de si grandes preuves, réussit à obtenir le droit de protection sur le Titan, droit qui lui fut formellement reconnu dans l'article premier.

Mais hélas ! un traité signé par un homme aussi déloyal que le duc de Valentinois était une garantie bien peu sérieuse. Et en effet, en l'année 1503, Saint-Marin ne voulant pas courir les chances d'une résistance inutile, et prévoyant dans un prochain avenir des changements favorables, dut subir pendant quelques mois l'autorité des magistrats de César Borgia.

Les San-Marinais n'attendirent pas la chute des Borgia pour rétablir leur indépendance, et récupérer leurs franchises et leurs libertés. Ils saisirent avidement la première occasion favorable, et profitant de la situation troublée où se trouvait le duché d'Urbin, ils chassèrent dans le courant de la même année 1503, les représentants d'un pouvoir tyrannique.

Le pape Jules II vengea Saint-Marin, du trouble qu'avait apporté dans ce petit État la criminelle ambition d'Alexandre VI et de son fils. Il fit arrêter César Borgia, et ne le rendit à la liberté, qu'après qu'il eut remis au Saint-Siège toutes ses forteresses.

Jules II connaissait bien Saint-Marin, qui l'avait reçu dans ses murs, alors qu'allant guerroyer, il passa sur le Titan.

Il avait gardé le meilleur souvenir de l'hospitalité de ce petit peuple libre et probe, et il était devenu son ami. Aussi, voulant lui donner un témoignage de sa haute bienveillance, par un bref en date du 31 mars 1509, il reconnut son indépendance et l'assura de sa protection et de sa sympathie.

Saint-Marin entretint des rapports amicaux avec le pape Léon X, et son successeur Paul III. Malgré les sentiments pacifiques de ce dernier, la guerre continuait à ravager l'Italie, et les San-Marinais, alliés des papes, fidèles à leur amitié pour la maison d'Urbin, eurent bien des subsides à fournir, et virent leur territoire bien souvent traversé par les armées en marche !

En 1542, l'indépendance de Saint-Marin fut mise en péril par une tentative de surprise, qui échoua fort heureusement. Voici dans quelles circonstances : on se trouvait dans une période de paix et de tranquillité, quand dans la nuit du 4 juin, Fabiano da Monte, neveu du cardinal de ce nom, partit secrètement du château de Rimini, avec cinq cents fantassins, quelques cavaliers, des échelles et autres engins de guerre, dans le but de surprendre la citadelle et la cité.

Les ordres furent-ils mal donnés ou mal compris : y eut-il défaut d'entente préalable ? toujours est-il que les troupes ne purent se rallier au point convenu et à l'heure indiquée, et que le jour vint les surprendre en plein désarroi. Les San-Marinais découvrirent la trahison, coururent aux remparts, sonnèrent le tocsin, et l'ennemi dut se replier et fuir.

Cet attentat eut un grand retentissement dans toute l'Italie. Saint-Marin, dont la politique avait toujours été si franche et si nette, protesta énergiquement contre les armes déloyales dont on se servait pour lui arracher son indépendance, déjà tant de fois reconnue et proclamée. A cet effet, des ambassadeurs furent envoyés auprès du duc d'Urbin, de Cosme duc de Florence, et des ministres de Charles-Quint. Tous partagèrent l'indignation des San-Marinais, et les assurèrent de leur sympathie.

La paix venait d'être raffermie par le mariage de Guidobaldo avec donna Vittoria Farnèse, nièce du pape, quand les ministres de la Tiare eurent l'idée de prélever sur Saint-Marin des contributions nouvelles, et prétendirent exiger une augmentation dans le prix du sel. La République eut immédiatement recours à l'intervention du Souverain-Pontife. Paul III, reconnaissant à nouveau l'indépendance du Titan, déjà si souvent proclamée, affirma dans un bref en date du 11 octobre 1549, le droit absolu pour Saint-Marin de ne pas contribuer au paiement des impôts prélevés sur les sujets de l'Église. Et, pour couper court à des tentatives qui se renouvelaient trop souvent, le Pape décida que ceux qui transgresseraient ses ordres, seraient frappés d'excommunication.

La période qui s'étend de 1556 à 1599, et par conséquent la fin du XVI⁰ siècle, ne fut pas heureuse pour Saint-Marin ; une mauvaise administration de la justice, des lacunes graves dans la législation en vigueur, provoquèrent des discordes intérieures. Elles aboutirent en 1592 à la rédaction d'un nouveau statut qui, remanié en 1602, fut révisé en totalité en l'année 1621. En 1591, une terrible famine était venue accroître encore les misères publiques !

Le pape Clément VIII conclut avec la République un traité d'amitié et de protection qui fut signé à Rome.

Enfin, lorsqu'en 1626, le duché d'Urbin

fut rattaché aux domaines de l'Église, Urbain VIII, ne voulut pas que la disparition de l'illustre maison de La Rovère, fut préjudiciable à ceux qu'elle avait si longtemps aimés et protégés. Il respecta donc l'indépendance de Saint-Marin, et lui témoigna toujours de l'amitié.

V. — TENTATIVES DU CARDINAL ALBÉRONI CONTRE LES LIBERTÉS ET L'INDÉPENDANCE DE LA RÉPUBLIQUE.

Pendant la première moitié du XVIIIe siècle, la République de Saint-Marin n'eut pas à souffrir des guerres qui continuaient à ravager l'Italie, et sa neutralité fut respectée. Mais son indépendance allait avoir à subir encore de cruelles atteintes, et allait trouver un terrible adversaire dans la personne d'un homme qui aurait pu être grand et laisser dans l'histoire une trace lumineuse, si ses éminentes qualités n'avaient été paralysées par un esprit inquiet et bouillon, je veux parler d'Albéroni !

Le fils du jardinier de Fiorenzuola, qui, cardinal et premier ministre, avait failli rendre à l'Espagne expirante, sa puissance et sa grandeur, avait dû, après la ruine de ses projets, quitter ce pays que, selon sa propre expression, il eût voulu ressusciter ! (5 décembre 1719).

Il rentra en Italie. Pendant plusieurs années le Saint-Siège le tint à l'écart, mais il réussit à rentrer en faveur, et en 1738, il fut envoyé en Romagne, en qualité de légat du pape.

Un des principes de la politique San-Marinaise, était d'entretenir les meilleurs rapports de voisinage avec les États qui l'entouraient ; aussi témoigna-t-elle du respect et de la déférence au prince de l'Église, qui venait d'être investi de la plus haute magistrature de la province. L'attitude à la fois courtoise et correcte de Saint-Marin, aurait dû concilier à la petite république la bienveillance du cardinal. Mais un incident, sans grande importance par lui-même, surexcita et irrita l'orgueil d'Albéroni, qui ne pensa plus qu'à tirer vengeance des hommes libres qui osaient résister au despotisme et à l'arbitraire.

Une coutume des plus préjudiciables à la bonne administration des affaires publiques, s'était alors développée en Italie : je veux parler des Lettres de Recommandations (*commendatizie*) dont le résultat, déplorable surtout en matière judiciaire, était le plus souvent de soustraire les criminels à la juridiction des autorités légales du pays où ils étaient détenus.

Ces lettres, quand elles émanaient de voisins puissants, ou de seigneurs redoutables, étaient la plupart du temps considérées comme des ordres véritables, et l'on comprend les désordres graves qu'elles entraînaient dans l'application des lois, en exposant les magistrats aux suggestions de la crainte ou de la corruption.

Le gouvernement San-Marinais, avait voulu remedier à ces dangereux abus, et une loi spéciale punissait sévèrement quiconque obtempérait aux Lettres de Recommandation. Néanmoins certains criminels qui avaient été condamnés à la prison, espérant se soustraire au châtiment qui les avait légalement frappés, s'adressèrent au cardinal Albéroni pour obtenir de lui ces Lettres de Recommandation dont l'usage, ils le savaient bien, était interdit dans la

République. Celui-ci, faisant droit à leur requête, demanda la mise en liberté des prisonniers, sous prétexte qu'étant « *patentati* » par la Sainte-Maison pontificale, c'est-à-dire ayant exercé un métier ou une industrie avec privilège spécial du Saint-Siège, la juridiction ordinaire de Saint-Marin était incompétente à leur égard. La République fit répondre au cardinal que ses prétentions étaient en contradiction flagrante avec les règles générales du droit, les coutumes particulières du pays, et les principes sacrés de leurs libertés.

Alberoni, fort irrité de cette résistance inattendue, s'adressa à la cour de Rome, en lui dépeignant sous les plus fausses couleurs la fermeté que le gouvernement San-Marinais avait dû montrer dans cette circonstance ; il demandait l'autorisation d'user de représailles contre la République. Mais il n'eut pas la patience d'attendre une réponse de Rome, et ne prenant conseil que de son orgueilleuse colère, il n'hésita pas à violer le droit des gens, en faisant arrêter des gentilshommes San-Marinais qui se trouvaient pour leurs affaires dans la légation de Romagne. Cette mesure violente ne suffit pas à l'apaiser, et sachant que Saint-Marin tirait la plus grande partie de ses subsistances des pays limitrophes, il résolut de l'affamer en faisant garder par ses satellites les confins du petit État. Ces moyens ne lui donnant pas la satisfaction immédiate qu'il désirait impatiemment, il s'adressa de nouveau au Souverain-Pontife. Il écrivit à Clément XII, que pour le bien de l'Église, et dans l'intérêt supérieur de la religion et de la justice, il importait que la République de Saint-Marin fût réunie au domaine pontifical ; prenant soin d'ajouter, que la population du Titan elle-même désirait cette annexion. Clément XII était un homme doux et modéré, et dans sa loyauté il crut que son Légat n'obéissait qu'aux vrais intérêts de l'Église. Il se conforma donc à ses désirs, en lui recommandant toutefois d'agir selon les règles de la justice et de la prudence, et de ne rien faire sans s'être entendu, au préalable, avec la partie éclairée de la population.

Le fougueux cardinal ne tint aucun compte des instructions de son maître.

Outrepassant les ordres qu'il avait reçus, il envahit le territoire de la République, et le 24 octobre 1739, il faisait son entrée dans la ville de Saint-Marin. La population surprise à l'improviste, ne pouvait songer à la résistance, qui du reste eût été inutile.

Le lendemain de cette triste journée, le Légat escorté d'un nombreux cortége où figuraient, des soldats, des sbires, et le bourreau lui-même, se rendait à la principale église de la ville. Là, en présence des saints autels, entouré de toute la pompe des grandes cérémonies religieuses, Albéroni prétendit faire abjurer aux citoyens notables de la cité, leurs antiques croyances dans l'indépendance de la patrie! A cette demande faite d'une voix impérieuse, la foule ne peut plus se contenir, et les voûtes du temple retentissent des cris mille fois répétés de : « *Evviva San-Marino, Evviva la Liberta!* » L'office est interrompu, et au milieu du plus grand désordre, le cardinal furieux se retire, en ordonnant le pillage des habitations et l'emprisonnement des courageux citoyens.

Devant la force, les San-Marinais durent subir la violence qui leur était faite, et usant du seul moyen de défense qui leur restât, ils portèrent leurs doléances aux pieds du trône pontifical. Après une enquête dont fut chargé le cardinal Napoletano et qui démontra clairement toute la fausseté des allégations d'Albéroni, le pape Clément XII se décida à rendre à Saint-Marin son indépendance séculaire.

Le 5 février 1740, la République était solennellement réintégrée dans tous ses droits.

Décrire la joie de ce peuple pour lequel « la liberté n'est pas seulement un droit et un avantage précieux, mais une religion et un article de foi » (*G. Sand*), en se voyant

rendu à lui-même après quatre mois d'op-
pression, serait chose impossible !

Mais le bonheur d'être redevenu libre,
ne lui fit pas oublier les devoirs de la reconnaissance, et une statue de marbre fut
élevée à la mémoire de Clément XII, le
restaurateur de son indépendance !

Le successeur de Clément XII, Be-
noit XIV était un pape modéré et ami de
la paix ; craignant que le voisinage d'Albéroni ne fût pour Saint-Marin une cause
de nouveaux troubles, il l'envoya comme
légat à Bologne.

Ce pape qui, tout en améliorant l'état
des finances pontificales, et en protégeant
les sciences, les arts et les lettres, occupait
les courts loisirs que lui laissaient les affaires, à des travaux littéraires et scientifiques remarquables, trouvait encore le

temps d'avoir de l'esprit. C'est ainsi, qu'à propos de la lutte d'Albéroni contre Saint-Marin, il comparait le cardinal-légat, l'ancien maître de l'Espagne, à un gourmand qui, après un repas copieux, convoiterait un morceau de pain bis. Heureusement pour Saint-Marin, le pain bis se trouva trop dur, et le cardinal s'y brisa les dents!

VI. — LA RÉVOLUTION DE 1789. — LA FRANCE EN ITALIE.
LA RÉPUBLIQUE ET BONAPARTE.
LA MISSION DE MONGE A SAINT-MARIN.

Une ère nouvelle vient de commencer ; sur les ruines de la monarchie absolue et les débris de de l'ancienne société française, la Révolution fait rayonner sa magnifique devise : Liberté, Égalité, Fraternité !.....

Au milieu des violentes et malheureusement sanglantes secousses dans lesquelles se débat un pouvoir né d'hier, un soldat de génie surgit, dont l'autorité s'impose et qui va, champion des idées nouvelles, porter dans les cités italiennes asservies par l'Autriche, le flambeau de la liberté! Occuper le Piémont, et obliger par-là les Autrichiens à se défendre chez eux, tel était le plan que Bonaparte avait proposé dès 1793. Et cependant ce ne fut qu'en 1796 (3 mars), en présence de la menaçante offensive que l'Autriche, soutenue par le Piémont et l'Angleterre avait reprise sur les Apennins et aux sources du Tanaro, que Carnot put décider le Directoire à adopter les projets de Bonaparte, et à le nommer général en chef de l'armée d'Italie. Alors commença cette immortelle campagne, une des plus belles pages de l'histoire militaire d'un peuple, qui ne devait se terminer que le 17 octobre 1797 par le glorieux traité de Campo-Formio.

A Saint-Marin, les graves secousses

qui agitent la Péninsule, n'ont causé ni trouble, ni inquiétude. On suit d'un œil sympathique le gigantesque effort du héros qui combat, au nom de l'indépendance, l'esclavage imposé par l'Autriche. On admire cette main puissante qui étend sur les faibles son épée protectrice, tandis qu'elle courbe sous sa loi les tyrans et l'étranger, unis dans un pacte impie pour l'écrasement de la terre italienne. Les Barbets de Gênes anéantis, le duc de Parme contraint à un armistice, le roi de Naples pris d'épouvante, les Anglais chassés de Livourne, la papauté elle-même, inclinée devant le soldat de la Révolution, tous ces grands événements, les San-Marinais les voient se dérouler du haut de leurs rochers, sans crainte, parce qu'ils sont sans reproches.

Nous sommes à Pesaro où le général

en chef de l'armée d'Italie a établi son quartier général. Pénétrons sous la tente : deux hommes sont assis à une table où s'amoncellent les cartes et les plans ; l'un est Bonaparte, l'autre Gaspard Monge. Encore une grande figure et un grand caractère ! Partisan enthousiaste de la Révolution, Monge ne profite de son passage au ministère de la marine où l'avait appelé la confiance de l'Assemblée, que pour sauver la vie à son prédécesseur Dubouchage. Écœuré par les excès de 1793, le savant qui, ministre de la marine n'avait pas voulu quitter sa chaire, donne sa démission. Mais, un grand mouvement patriotique se produit, la Convention décrète la levée en masse; aux patriotes qui accourent d'un bout à l'autre du territoire, il faut donner des armes. Bien plus, il faut en créer, car les

arsenaux sont vides. Alors, Gaspard Monge
reparaît ! Jour et nuit au travail, il préside
à la fabrication des armes et de la poudre,
ne songeant qu'à la patrie ! Dès que le sa-
lut national auquel il a si puissamment
contribué est assuré, il retourne à ses travaux scientifiques et fonde l'École poly-
technique. En 1795, il vient une première
fois en Italie comme membre de la commission chargée de choisir les chefs-
d'œuvre cédés par le pape à la France.
Enfin, en 1796, c'est lui que nous retrouvons sous la tente de Bonaparte, auquel il
est lié par une de ces amitiés inaltérables,
digne d'hommes de leur taille.

Bonaparte, les yeux fixés sur une carte,
montre à son ami, au sommet de l'Apennin
un point imperceptible : ce point, c'est San-
Marino. Et le savant, avec une chaleur

communicative, répond au regard interrogateur de Bonaparte, en lui retraçant à grands traits l'histoire de la République du mont Titan. Il montre ses habitants, tour à tour habiles politiques ou soldats valeureux, se débattant au milieu des intrigues de la papauté, ou de leurs voisins, et parvenant toujours à force de sagesse et de courage à faire triompher leurs libertés et à sauvegarder leur indépendance ! « Eh bien ! conclut le général, puisque cette petite République vous est si sympathique, vous y serez mon ambassadeur ; comme vous, Monge, je l'apprécie et je l'aime, et pour lui en donner une preuve, vous irez de ma part lui offrir un agrandissement de territoire. Ces gens-là font plus que d'aimer la liberté, *ils la font aimer*. Ils donnent aux autres peuples de l'Italie un grand exemple ! »

C'est ainsi que fut décidée la mission de Monge (5 février 1797).......

Le conseil souverain était en séance quand tout à coup les clairons sonnèrent, et l'envoyé de France, à cheval, déboucha sur la place, escorté de quelques cavaliers. Aussitôt les cloches se mettent en branle, et leur joyeux concert est dominé par la voix grave de la Rocca, qui ne se fait entendre que dans les circonstances les plus graves ou les plus solennelles. N'était-ce pas, en effet, un grand jour pour Saint-Marin, et comme l'a dit un historien éminent : « Si jamais époque fut glorieuse pour notre République, celle-ci peut éclipser toutes les autres. La liberté sauvée sur le Titan y recevait les hommages de la première nation de l'univers. Le 12 février 1797 sera le plus joyeux anniversaire dans les siècles futurs. » (Delfico. *Memorie storiche di San-Marino*.)

Cependant, Gaspard Monge a mis pied à terre ; il pénètre dans la salle où le Grand-Conseil l'attend, et prononce le discours suivant :

« La liberté, qui, dans les beaux jours d'Athènes et de Thèbes, transforma la Grèce en un peuple de héros, qui, dans les temps de la République, fit faire des prodiges aux Romains, qui, dans le court intervalle qu'elle a lui sur quelques villes d'Italie, renouvela les sciences et les arts, et illustra Florence, la liberté était bannie de l'Europe presqu'entière ; elle n'existait qu'à San-Marino, où, par la sagesse de votre gouvernement, citoyens, et surtout par vos vertus, vous avez conservé ce dé-

6.

pôt précieux à travers tant de Révolutions, et défendu son asile pendant une si longue suite d'années.

« Le peuple français, après un siècle de lumières, rougissant de son long esclavage a fait un effort et il est libre. Toute l'Europe, aveuglée sur ses propres intérêts et surtout sur les intérêts du genre humain, se coalise et s'arme contre lui. Ses voisins conviennent entre eux du partage de son [territoire, déjà, de toutes parts, ses frontières sont envahies, ses forteresses et ses forts sont au pouvoir de l'ennemi, et ce qui l'afflige le plus, une partie précieuse de lui-même allume la guerre civile et le force à porter des coups dont il doit ressentir toutes les atteintes.

« Seul, au milieu d'un si grand orage, sans expérience, sans armes, sans chefs, il vole aux frontières, partout il fait face, et bientôt partout il triomphe. Parmi ses ennemis, les plus sages se retirent de la coalition ; le succès de ses armes en force successivement d'autres à implorer une paix qu'ils obtiennent ; enfin, il ne lui en reste plus que trois, mais ils sont passionnés, et n'écoutent de conseils que ceux de l'orgueil, de la jalousie et de la haine.

« Une des armées française entre en Italie, anéantit, l'une après l'autre, quatre armées autrichiennes, ramène la liberté dans ces belles contrées et se couvre, presque sous vos yeux, d'une gloire immortelle. La République française, qui ne verse tant de sang qu'à regret, contente d'avoir donné un grand exemple à l'univers, propose une paix qu'elle pouvait dicter. Le croirez-vous, citoyens ! partout ces propositions ont été refusées avec hauteur, ou éludées avec astuce. L'armée d'Italie, pour conquérir la paix, est donc obligée de poursuivre ses ennemis et de passer près de votre territoire.

« Je viens de la part du général Bonaparte, au nom de la République française, assurer l'ancienne République de San-Marino, de la paix et d'une amitié inviolables.

« Citoyens, la constitution politique des peuples qui vous environnent peut éprouver des changements. Si *quelques parties de vos frontières vous étaient absolument nécessaires, je suis chargé par le général en chef de vous prier de lui en faire part*. Ce sera avec le plus grand empressement qu'il mettra la République française à portée de vous *donner des preuves de sa sincère amitié*.

« Quant à moi, citoyens, je me félicite d'être l'organe d'une mission qui doit être agréable aux deux Républiques et qui me procure l'occasion de vous témoigner la *vénération* que vous inspirez à tous les amis de la liberté. »

Le discours de Monge se termina au milieu des applaudissements unanimes de l'assemblée, et le capitaine régent Antonio Onofri, se levant de son siège, adressa à l'envoyé français, l'allocution suivante, qui contenait la réponse de la République de Saint-Marin aux propositions qui venaient de lui être faites :

« Le jour de votre mission sur le Titan, citoyen envoyé, deviendra pour nous une époque mémorable dans les fastes de la liberté. La République française ne sait pas moins vaincre ses ennemis par la force

de ses armes que les surprendre par sa
générosité. Nous nous trouvons heureux
d'être cités parmi les modèles qui méritent
d'exciter votre émulation, mais plus heureux encore de voir que vous nous trouvez
dignes de l'honneur de votre amitié, dignes
d'en recevoir une éclatante preuve. Nous
ne pouvons penser sans enthousiasme que
vous ramenez en Italie les jours d'or de la
Grèce et de la République romaine. L'a-
mour sincère que nous avons pour notre
liberté nous fait sentir le prix des efforts
magnanimes d'une grande nation, pour
parvenir à ce noble but. Vous avez surpassé
l'attente générale ; seuls, contre le reste de
l'Europe, vous avez donné au monde un
nouvel et illustre exemple de tout ce dont
est capable l'énergie qu'inspire le sentiment
de la liberté.

« Votre armée et son jeune et vaillant guide, qui réunit aux talents du génie les vertus du héros, marchent sur les traces d’Annibal et rappellent les antiques merveilles. Vous tournez vos regards sur un point de terre où s’est réfugié un débris de la liberté primitive, et sur lequel revit la précision de Sparte plus que l’élégance d’Athènes.

« Vous le savez, citoyen envoyé, la simplicité des mœurs et le sentiment sacré de la liberté sont l’unique héritage que nous aient transmis nos pères; nous nous glorifions de l’avoir conservé à travers tant de siècles, sans que les efforts de l’ambition, la haine des puissants, et l’envie de nos ennemis y aient porté atteinte.

« Retournez auprès du héros qui vous envoie; portez-lui le libre hommage de notre admiration et de notre gratitude. Dites-lui que la République de Saint-Marin, contente de la circonscription de son territoire et de sa modeste existence, n'a garde d'accepter l'offre généreuse qui lui est faite, et de concevoir *les vues ambitieuses d'un agrandissement, qui pourrait, avec le temps, compromettre sa liberté;* mais que ses citoyens devront tout à la générosité de la République française et de son invincible général, s'ils obtiennent d'assurer le bien public par l'extension des rapports de leur commerce, auquel ce bien est étroitement uni, et cela aux conditions les plus favorables à leur subsistance.

« C'est particulièrement à cet objet que se bornent nos vœux, et nous vous prions d'être notre organe auprès du général en chef.

« Quant à vous, illustre citoyen, nous nous trouvons d'autant plus heureux en ce moment, que nous apprécions en vous la sagesse unie au savoir et au patriotisme. Le but de votre mission et celui qui l'a solennellement remplie seront un monument éternel de la magnanimité du nouveau vainqueur de l'Italie ; ils vivront toujours dans nos cœurs ; notre reconnaissance leur est à jamais acquise. »

Quelques jours après, le 28 février 1797, Bonaparte adressait de Modène au Grand-Conseil souverain, une lettre affectueuse assurant Saint-Marin de son estime et de sa protection, et lui offrant, au nom de la République française, quatre pièces de canon, et mille quintaux de blé.

Les San-Marinais acceptèrent avec reconnaissance les approvisionnements ; quant aux canons annoncés, ils ne sont jamais parvenus à Saint-Marin.

Des renseignements que j'ai recueillis sur les lieux mêmes, il semble résulter que les habitants du Titan déclinèrent l'offre de ces engins de guerre ; ils pensèrent que la prudence et la sagesse de leur gouvernement leur seraient une sauvegarde suffisante au milieu des graves événements qui bouleversaient la Péninsule, et l'avenir leur donna raison.

Napoléon continua au petit État la bienveillance que lui avait montrée Bonaparte, et lorsque son territoire se trouva entièrement enclavé dans le département français du Rubicon, l'Empereur fit respecter son indépendance.

Chose singulière ! Dans l'éloquent discours que j'ai reproduit plus haut, nous avons vu Onofri rendre en termes chaleureux un éclatant hommage aux intentions qui avaient fait prendre les armes à la République française pour délivrer l'Italie, et la rendre à elle-même. Eh bien ! le croirait-on ? Saint-Marin est peut-être la seule ville d'Italie qui ait rendu justice au magnifique élan qui nous précipita au secours de la liberté étranglée par l'Autriche et l'Angleterre coalisées ! C'est, en effet, avec de l'antipathie, je dirai plus, avec de la haine, que la masse du peuple italien accueillit la Révolution française.

« Les Français croyaient évoquer les Italiens au cri de : *Vive la République !* L'Italie étonnée et comme réveillée d'un éternel sommeil, répondit : *Anathème !* » (Edgard Quinet *Révolutions d'Italie*.)

Nous espérions être reçus en libérateurs ;

c'est par l'égorgement de nos soldats que ce peuple ingrat récompensait nos efforts en faveur de sa délivrance (massacres de Benasco, Pavie, etc....) et deux mois après l'envoi par Bonaparte de la lettre que j'ai citée tout à l'heure, un drame dont l'histoire a gardé plus particulièrement le souvenir, ensanglantait les rues de Vérone. (*Pâques véronaises*, 17 avril 1797.)

On répondait donc par des cris de mort à des cris de liberté ! Comment expliquer cet état de choses ! C'est que le cosmopolitisme du moyen âge avait conduit l'Italie à la servitude, et ce qui est plus grave à *l'habitude* de la servitude, de telle sorte que renoncer à l'esclavage, semblait à ce peuple privé de patrie, renoncer à une partie de lui-même.

L'exil, les cachots, tout crie : Libertas ! La Révolution apparaît, apportant cette liberté tant désirée, et on recule, éperdu, ébloui ; on retourne à la servitude !

Mais si telle était la situation des diverses provinces de la péninsule, au milieu de tous ces États esclaves, courbés sous cette terrible indifférence qui, pour les peuples comme pour les individus, indique une fin prochaine, Saint-Marin nous apparaît rayonnant d'un impérissable éclat ! Au-dessus des peuples qui la maudissent, c'est au mont Titan que la Révolution sera bénie ; c'est qu'en effet, le plus grand mérite de la Révolution est d'avoir voulu *réaliser le christianisme dans les lois*. Le christianisme dans les lois, voilà ce que cherchait à réaliser Marinus dès le quatrième siècle, et c'est en obéissant à ce principe, que la communauté dont il était le chef et le pasteur, est devenue un peuple libre. C'est parce que les principes de la Révolution y étaient mis en pratique depuis plus de quatorze cents ans, c'est parce que la liberté, l'égalité, la fraternité y étaient depuis des siècles des réalités vivantes, c'est pour cela que la République de Saint-Marin accueillait avec éclat la République française. Voilà pourquoi, tandis qu'à Pavie ou à Vérone on égorge et on assassine, au mont Titan, on s'incline avec respect devant l'envoyé de Bonaparte. Voilà pourquoi, tandis qu'Alfieri le révolutionnaire, renégat de la Révolution, écrit au Directoire : « Mon nom est Vittorio Alfieri, le lieu où je suis né l'Italie, ma patrie, nulle part! » le consul Onofri s'écrie en s'adressant à Monge : « Nous ne pouvons penser sans *enthousiasme* que vous ramenez en Italie les jours d'or de la Grèce et de la République romaine ! »

Alfieri, comme son ami Ugo Foscolo, use sa vie à la recherche d'un idéal impossible, il meurt désespéré et en maudissant ; comme dans Jacopo Ortis, c'est le *patriotisme aboutissant au suicide :* suicide *moral* bien autrement tragique qu'un suicide matériel. Onofri, c'est la sagesse réfléchie, c'est la raison humaine qui n'a pas subi encore les atteintes d'un nervosisme fiévreux et mortel, c'est le patriotisme aboutissant à l'épanouissement de la patrie dans la liberté !

VII. — NÉGOCIATIONS DIPLOMATIQUES. LES MISSIONS D'ONOFRI. — L'HISTOIRE CONTEMPORAINE. — GARIBALDI A SAINT-MARIN.

Grâce au dévouement et à l'activité déployées par Onofri, le 4 juin 1798, fut signé un traité de commerce et d'amitié entre Saint-Marin et la République romaine. A cette occasion, Onofri se mit en rapport avec le général Berthier, qui était campé dans les environs de Rome, et avec les commissaires du pouvoir exécutif de la nouvelle république. Tous accueillirent l'illustre San-Marinais avec courtoisie et bienveillance.

Ils prouvèrent du reste la haute estime dans laquelle ils tenaient Saint-Marin, par le fait suivant : Les ecclésiastiques étrangers étaient alors proscrits du territoire de la République ; une seule exception fut faite en faveur de Saint-Marin, et le 14 juillet 1798, le ministre Rey informa le gouvernement du Titan, que les prêtres San-Marinais n'auraient pas à subir cette mesure générale d'exclusion.

En 1802, l'activité diplomatique de la petite République eut occasion de s'exercer dans deux circonstances importantes :

Onofri, que nous retrouvons toujours quand il s'agit de servir les intérêts de la patrie, fut envoyé à Milan pour y négocier un traité de commerce avec la République Cisalpine, traité qui fut signé le 18 août (1802).

Pendant ce temps, un autre citoyen éminent, François Apostoli, partait pour Paris, où il ne tarda pas à être admis dans le corps diplomatique, comme ambassadeur de Saint-Marin. Il obtint même une audience du premier Consul, qui le reçut à Saint-Cloud avec la plus grande bienveillance, et s'entretint avec lui des besoins et des désirs de Saint-Marin. Apostoli se rendit également auprès de Gaspard Monge et du général Berthier qui, en prenant congé de l'envoyé San-Marinais, lui adressa ces paroles : « Dites-leur que nous les défendrons toujours, ces braves gens ! »

Cependant, le 2 décembre 1804, le pape Pie VII, venu tout exprès de Rome, sacrait dans Notre-Dame le Consul Bonaparte devenu l'Empereur Napoléon.

Et le 26 mai de l'année suivante (1805),

l'Empereur des Français, ceignait dans la cathédrale de Milan, la couronne de fer des anciens rois Lombards! Au milieu du brillant cortège de diplomates et de généraux qui rehaussaient par leur présence la pompe - de cette cérémonie grandiose, figurait l'envoyé de Saint-Marin, l'infatigable Onofri!

Quelques jours après, le 2 juin, l'Empereur et Roi, répondant aux félicitations du citoyen du Titan, lui affirmait le plaisir qu'il éprouvait en voyant auprès de lui le représentant de ce vaillant petit État.

Pour couronner sa brillante carrière, Antonio Onofri, rendit à sa patrie un service immense, qui aurait suffi à immortaliser sa mémoire, quand bien même il n'aurait pas eu déjà les titres les plus glorieux à l'éternelle estime de ses concitoyens. Voici dans quelles circonstances :

Des gens d'obscure origine, obéissant aux basses suggestions de l'envie, imaginèrent de perdre la République, dont la prospérité et l'excellente situation au point de vue extérieur exaspéraient leur jalousie.

A cet effet, ils adressèrent (sous le voile de l'anonyme), un long factum au pape, aux cardinaux et à tous les diplomates étrangers accrédités auprès de la cour de Rome.

Ils y dépeignaient Saint-Marin sous les plus noires couleurs, prétendant qu'en présence d'une administration injuste et arbitraire, les lois n'offraient plus aux citoyens leur garantie sacrée, et que le plus grand désordre était la conséquence de cet état de choses. Ils ajoutaient que la République favorisait secrètement les ennemis du Saint-

Siège. Le but de cette odieuse manœuvre était bien facile à comprendre : il s'agissait de faire considérer le Titan comme un foyer de troubles et de discordes, un repaire dangereux pour les pays avoisinants ; mais, à côté du mal, n'y avait-il pas le remède : l'annexion !

La situation était d'une gravité exceptionnelle : si, malheureusement, créance était accordée aux mensonges de la calomnie, c'en était fait, peut-être, de cette indépendance que quinze siècles de luttes n'avaient pu arracher du Titan ! Il fallait agir avec promptitude et déjouer les plans des lâchetés anonymes. Onofri part aussitôt pour Rome, et parvient jusqu'au trône du souverain pontife.

Léon XII était un pape juste et éclairé ; la vérité qui parlait par la bouche de l'envoyé de Saint-Marin eut bientôt réduit à néant les assertions de la calomnie, et le pontife, pour venger l'outrage fait à l'honneur de la République, adressa aux régents une lettre des plus affectueuses, les assurant de son amitié et leur promettant sa protection (10 juillet 1824).

Onofri ne crut pas sa mission terminée : le mémoire calomniateur n'avait pas seulement été adressé au pape ; les représentants étrangers l'avaient également reçu. Il alla donc les trouver, et il réussit à les convaincre. Cette fois, son œuvre était bien terminée, et il pouvait reprendre le chemin de cette patrie dont il venait d'assurer l'existence et de consolider la liberté !

Son retour fut fêté par la joie et les acclamations de tout un peuple qui, en reconnaissance des services rendus, salua unanimement Antonio Onofri, du titre glorieux de *Père de la Patrie !*

Le grand citoyen ne survécut pas longtemps à cette belle journée ; il mourut le 26 février 1825. Des funérailles solennelles lui furent faites aux frais de la République, et ce fut le célèbre archéologue Bartolomeo Borghesi qui prononça son oraison funèbre. Borghesi avait été durant de longues années l'ami intime de l'illustre défunt, et dans cette triste circonstance, son éloquence fut à la hauteur de sa tâche.

Pour perpétuer le souvenir d'Onofri, son buste en marbre, avec une inscription commémorative, fut placé dans la salle des séances du Souverain Conseil, et plus tard un monument lui fut élevé dans l'église neuve.

Nous sommes entrés dans l'histoire contemporaine, et nous aurons à y relever peu de faits intéressant Saint-Marin.

L'indépendance de la République est maintenant consacrée par le temps et reconnue par tous. Nous n'aurons qu'à signaler les marques de sympathie qui lui furent données par des souverains frappés de son esprit de sagesse : et au milieu des secousses violentes qui agitèrent l'Italie pendant les années 1848-1849, Garibaldi se refugiant sur le Titan nous donnera l'occasion d'admirer une fois de plus la générosité dont fit toujours preuve Saint-Marin à l'égard des proscrits et des faibles.

Constatons tout d'abord les excellents rapports qui existèrent entre les San-Marinais et le roi Charles X, qui les appelait ses : « chers et bons amis; » (lettre du 15 mars 1825) et arrivons au séjour de

Garibaldi sur le territoire de la République.

La Révolution du 24 février 1848, avait eu des contre-coups, non seulement dans l'Italie, mais dans toute l'Europe. Berlin et Vienne eurent leur révolution : la Hongrie se déclara indépendante, pendant que la Bohême se trouvait en pleine insurrection. En Italie, Charles-Albert, roi de Piémont, prenait de jour en jour une situation prépondérante, et voulait faire l'indépendance Italienne au profit de la monarchie sarde. *L'Italia fara da se*, tel était le mot d'ordre auquel on obéissait, aussi bien à Turin où le roi refusait le concours d'une armée française, qu'à Milan qui chassait les Autrichiens et les forçait à évacuer la Lombardie.

Le 24 novembre 1848, une grave nouvelle éclatait. Le pape s'était enfui de Rome

et la junte nationale avait convoqué les
collèges électoraux. Le 5 février 1849, le
parlement romain s'ouvrait au Capitole et
proclamait la République. Au nombre des
députés qui avaient acclamé la nouvelle
forme de gouvernement, se trouvait Garibaldi.

Cependant le pape avait protesté, et répondant à son appel, la France décida
l'expédition de Rome. L'armée française,
commandée par le général Oudinot dé-
barqua à Civita-Vecchia et marcha sur la
Ville Éternelle (30 avril 1849). Les Romains
appelèrent Garibaldi à leur secours : il vint
en toute hâte et parvint à déloger les Français de la villa Pamphili qu'ils venaient
d'occuper.

Le 9 mai, Garibaldi qui avait été con-
firmé dans son grade de général, battait les

Napolitains, et le 2 juillet au soir, après la prise de Rome par Oudinot, il donnait le signal d'une admirable retraite sur Venise, où flottait encore le drapeau italien.

« Embarrassé de bagages et de munitions, dit un historien contemporain (M. Perrens), poursuivi par trois colonnes françaises, entouré par les Napolitains au sud, par les Autrichiens dans les légations et en Toscane, Garibaldi sut passer au milieu d'eux, divisant sa petite colonne pour la dissimuler, faisant les marches et les contre-marches les plus surprenantes ; serré chaque jour de plus près, il n'eut bientôt plus d'asile que la petite République de Saint-Marin. Il s'y jette par des sentiers ardus et inexplorés, à travers des bois fourrés et des torrents impétueux. »

Là, le 31 juillet (1849), il rendit leur liberté à ses compagnons, en leur adressant la proclamation suivante :

« Soldats !

« Nous sommes arrivés sur la terre de refuge et nous devons une conduite irréprochable à des hôtes généreux. Elle nous vaudra le respect que mérite la mauvaise fortune.

« Je délie, dès à présent, mes compagnons d'armes de tout engagement, les laissant libres de rentrer dans la vie privée ; mais je leur rappelle qu'il vaut mieux mourir que de vivre esclave de l'étranger.

« GARIBALDI. »

Saint-Marin, fidèle aux traditions du droit d'asile, refusa de livrer les fugitifs aux Autrichiens, qui occupaient alors Rimini. Ceux-ci, voyant que leurs menaces d'invasion n'intimidaient pas les courageux citoyens de la petite République, finirent par arrêter avec leurs magistrats une convention, aux termes de laquelle Garibaldi pourrait quitter librement le Titan et l'Italie ; quant à ses compagnons, après avoir remis leurs armes aux autorités San-Marinaises, ils seraient libres aussi de se disperser sans crainte d'être poursuivis.

Garibaldi ne crut pas aux promesses de l'Autriche, et quittant brusquement Saint-Marin, il partit suivi de sa femme et de trois cents hommes restés fidèles à sa fortune.

Bien lui en prit, car ceux de ses compagnons qui avaient déposé les armes, furent traités à Rimini comme de vulgaires prisonniers.

Quant à Garibaldi, il put poursuivre

sans encombre, sa course aventureuse; il passa à Ravenne, en Toscane, à Gênes et à Tunis d'où il gagna l'Amérique.

Depuis, le roi Victor Emmanuel a non seulement respecté la liberté et les institutions de Saint-Marin; il lui a toujours témoigné une vive sympathie. Le roi s'étant rendu à Bologne, pour l'inauguration du chemin de fer d'Ancône, la République lui envoya une députation qui fut reçue de la manière la plus flatteuse. Au grand dîner qui eut lieu à cette occasion, les envoyés San-Marinais furent placés à la droite du Roi qui fut pour eux plein de cordialité et de prévenances.

En 1862, un traité de douane et de commerce (légèrement remanié en 1872) fut conclu entre l'Italie et Saint-Marin, sous les auspices du comte L. Cibrario, ministre d'État, sénateur du royaume et patricien de Saint-Marin. Ce traité vient d'être tout récemment renouvelé à Rome (27 mars 1882) (1). En 1864, un traité postal fut également conclu entre les deux États.

Le 20 septembre 1871, le général Cadorna, à la tête des troupes italiennes, faisait son entrée dans Rome.

Un scrutin ouvert dans la ville des papes et dans les provinces pontificales, sur leur annexion à l'Italie, donna 133,681, oui, contre 1,507, non, et le 8 juillet (1871), le siège du gouvernement italien était installé dans la Ville Éternelle. L'unité italienne, le beau rêve de Charles-Albert, venait d'être réalisé par Victor-Emmanuel !

(1) En 1842, le comte Borghesi avait déjà été envoyé à Rome, comme plénipotentiaire de Saint-Marin, pour y conclure des conventions commerciales.

Saint-Marin salua avec joie l'aurore de cette nouvelle Italie, qui a su prendre une place si considérable dans les conseils de l'Europe, de cette jeune nation déjà grande et forte, parce qu'elle est intimement unie à la glorieuse maison de Savoie qui personnifie si bien ses deux caractères distinctifs : le courage et l'habileté !

CHAPITRE IV

LÉGISLATION. — GOUVERNEMENT.

ADMINISTRATION. — PRODUCTIONS.

I. — HISTORIQUE DE LA LÉGISLATION SAN-MARINAISE.

A l'époque où Saint-Marin n'était encore qu'une petite agrégation sociale, il n'y avait pas pour la régir, de loi écrite, et, à vrai dire, un code eut été alors parfaitement inutile. Une autorité paternelle, l'autorité des chefs de famille suffisait à maintenir l'ordre dans la petite Société, et nul ne

8

songeait à la contester. Mais plus tard, quand la vie civile eut pris un plus grand développement, il fallut fixer dans une législation écrite les règles et les principes qui devaient régir la population du Titan.

A quelle époque faut-il fixer l'origine des premiers statuts de Saint-Marin?

On ne saurait le dire exactement.

Ce qu'il y a de certain, c'est qu'au XII siècle, Saint-Marin avait déjà ses lois et ses formes gouvernementales. Ses magistrats suprêmes étaient appelés *Consuls* : Au nombre de deux ou de trois, ils remplissaient les fonctions du pouvoir exécutif et du pouvoir judiciaire, tandis que le pouvoir législatif résidait dans le peuple même, représenté par les chefs de famille.

Un décret du consul Superchio, en l'année 1253, mentionne formellement l'existence de ces premiers statuts qui, je le répète, étaient appliqués dès le XIIe siècle.

La formation des seconds statuts, eut lieu dans les premières années du XIVe siècle. Sous ce titre : *Liber statutorum communis castri Sancti-Marini*, il fut rédigé par les soins de douze citoyens éminents, choisis de préférence parmi ceux qui avaient exercé le consulat ou d'autres magistratures civiles importantes.

Au nombre de ses principales dispositions, nous relèverons le changement du nom de consul en celui de capitaine et défenseur ; les gens du pays seuls pouvaient être élus à cette importante fonction ; la brièveté du mandat qui leur était confié, et leur dépendance vis-à-vis du Grand Conseil rendaient sans danger l'exercice de leur pouvoir. Ils prêtaient serment : *ad honorem et statum castri Sancti-Marini.*

En 1353, on décida de remanier le corps des lois : un nouveau statut fut donc rédigé par une commission de cinq membres ; il reçut l'approbation du peuple, et sa publication solennelle eut lieu le 4 avril de cette même année 1353.

Ce statut était en vigueur depuis cent trente-huit ans, lorsque l'on reconnut, en 1461, la nécessité de le réformer conformément à l'esprit du siècle et aux progrès de la société.

L'indépendance de Saint-Marin était maintenant solidement assise : le petit État jouissait de la plénitude de ses libertés ; il pouvait prendre définitivement le nom de République, qui lui était déjà officieusement donné par les conseillers du duc d'Urbin, remerciant les régents de Saint-

Marin des secours envoyés à leur maître, dans une lettre en date du 12 janvier 1448, c'est-à-dire, quarante-trois ans plutôt.

Voici les principales dispositions du statut de 1491, qui est remarquable par l'esprit républicain et vraiment démocratique qui présida à sa confection :

La formule, par laquelle, en cas de guerre, on s'engageait dans le serment civique, à prendre les armes contre quiconque : *prœterquam contra Romanam ecclesiam*, fut supprimée. Cette exception n'avait plus - sa raison d'être, comme nous l'avons vu dans l'histoire de Saint-Marin.

Quiconque appelle l'Étranger pour apporter le trouble dans l'État, ou pour attenter à sa liberté *perpetua*, sera puni de mort et tous ses biens seront confisqués : pour rendre encore plus infamant le châtiment des traîtres, ils seront traînés au supplice, attachés *ad caudam asini*.

Défense était faite, sous peine de mort, de vendre aux puissants ou aux seigneurs étrangers des domaines à l'intérieur du territoire.

Signalons encore l'abolition du sénatus-consulte macédonien, l'obligation pour tous les citoyens de contribuer avec diligence au paiement des dettes du *Comune;* la nécessité, pour l'exécution des sentences criminelles, d'avoir été, au préalable, publiées dans un *arringo* général... etc...

La période qui s'étend de 1556 à 1599, fut pour Saint-Marin une époque de trouble moral et de malaise intérieur, dûs à des causes multiples dont l'examen nous entraînerait trop loin. On donna provisoirement force légale à une collection d'anciennes lois san-marinaises qui avaient été compilées et réunies par un jurisconsulte éminent, Camillo Bonelli. Ce recueil, adopté par le peuple, fut imprimé en 1599.

C'est, à la fin de ce siècle, le XVIe, que l'on reconnut d'une façon péremptoire, la nécessité d'un juge étranger, dont l'impartialité pût garantir efficacement l'application des lois ; c'est, également, à cette époque, que la République commença à conférer le droit de cité (*cittadanza*).

Le 28 janvier 1602, le Grand Conseil, en présence de certaines lois confuses, et de certaines dispositions légales qui se contredisaient, manifesta son désir de faire procéder à une nouvelle révision des statuts.

On se contenta de modifier par décrets, au fur et à mesure des nécessités du moment, la législation en vigueur, et ce ne fut qu'en 1621, que la commission chargée de la refonte générale des lois, put être nommée (31 janvier). Elle se composait de huit membres, parmi lesquels figurait Camillo Bonelli. Remarquons qu'il s'agissait ici, de réformer seulement les lois positives, c'est-à-dire les lois civiles et criminelles, et qu'il ne pouvait être nullement question des lois constitutionnelles qui devaient rester intactes, comme elles l'avaient toujours été, au milieu des transformations successives des statuts. Cependant, notre impartialité nous fait un devoir de constater, en 1652, une légère altération de la Constitution San-Marinaise. Au mois d'octobre de cette année, le nombre des membres du Grand Conseil fut ramené de soixante à quarante-cinq (trente habitants de la ville et quinze de la campagne). Mais cet état de choses ne fut pas de longue durée.

Revenons à la législation créée par la révision de 1621, et examinons-en les principaux détails :

Les capitaines entraient en fonctions le 1er avril et le 1er octobre ; ils juraient, non pas sur l'Évangile, mais sur le Livre de la Loi, de veiller à la garde et à la sûreté de l'État, et à l'application des lois, le tout : *bonâ fide, sine fraude.*

Les capitaines sont sous la dépendance du Souverain Conseil ; il faut vingt-cinq ans d'âge pour être admis aux fonctions civiles.

Les capitaines réunissant sur leur tête les deux pouvoirs, exécutif et judiciaire, s'adjoignaient, pour éclairer leur religion dans les circonstances graves, ou dans les cas épineux, des jurisconsultes, toujours étrangers au pays ; des juges d'appel étaient choisis chaque année par le Souverain Conseil.

Les capitaines devaient être citoyens, non seulement de droit, mais encore de fait ; c'est-à-dire nés sur le territoire même de la République.

Le pouvoir législatif, nous l'avons dit, résidait à l'origine, dans l'assemblée générale du peuple tout entier, que l'on appelait *arringo*. Mais avec le temps on finit par reconnaître que ces réunions d'une foule trop nombreuse dégénéraient souvent en discussions tumultueuses, d'où aucune résolution vraiment efficace ne pouvait sortir. On réduisit la représentation nationale à un Conseil de soixante membres, composé de citoyens remarquables par leurs talents ou leurs vertus.

Ce Conseil se renouvelle lui-même.

II. — GOUVERNEMENT ACTUEL.

ADMINISTRATION.

Voici donc quelle est actuellement l'organisation politique de Saint-Marin :

1° Un Conseil de soixante membres, qui est le Corps législatif. (*General consiglio principe*); *l'exercice du mandat de conseiller est complètement gratuit* :

2° Deux capitaines régents, qui détiennent le pouvoir exécutif; *ils reçoivent chacun durant l'exercice de leurs fonctions une indemnité de cent cinquante francs;*

3° Un Conseil de douze membres, qui se renouvelle chaque année par les deux tiers, et qui est comme un corps intermédiaire entre les capitaines régents et le Grand Conseil ;

4° Un magistrat judiciaire élu pour trois ans par le Grand Conseil et qui porte le titre de commissaire de la loi.

L'ancien droit civil romain est encore en vigueur à Saint-Marin ; mais certaines modifications introduites lors des transformations successives des statuts l'ont approprié aux besoins de la société moderne.

En ce qui concerne la législation criminelle, le Titan ne resta pas étranger au grand mouvement réformateur qui se produisit vers 1812, et auquel les travaux des jurisconsultes italiens donnèrent une si vive impulsion. Saint-Marin simplifia sa procédure criminelle, établit dans sa législation une proportion plus équitable entre le crime et le châtiment, supprima certains usages inhumains dont souffraient particulièrement les prévenus, et qui étaient le reliquat de la barbarie du moyen âge.

Actuellement le Code pénal comprend 551 articles, et le Code de procédure pénale 241.

La peine de mort a été supprimée en 1859.

Un Code spécial se rapprochant beaucoup du droit italien et par conséquent du droit français régit les matières commerciales.

L'élection des deux capitaines régents a lieu tous les six mois, le 1ᵉʳ avril et le 1ᵉʳ octobre. Ils sont élus par le suffrage universel et au scrutin secret (vingt-cinq ans d'âge).

C'est à l'occasion de l'entrée en charge

des capitaines-régents, que *l'arringo* sup-
primé en principe et remplacé par le Grand
Conseil, peut encore s'assembler. Dans cette
réunion, qui est rarement plénière, on re-
met des pétitions aux capitaines, ou on leur
adresse, s'il y a lieu, des observations et des
remontrances qui sont discutées *coram
populo* (1).

Les capitaines-régents sont assistés dans
l'expédition des affaires par deux secré-
taires d'État, l'un pour les affaires étrangères et les finances, l'autre pour l'intérieur.

En ce qui concerne l'organisation ecclé-
siastique, la cathédrale de Saint-Marin est
administrée par un archiprêtre qui a le titre
d'auditeur-évêque : il a dans sa juridiction
les sept paroisses de Domagnano, Serra-

(1) Pour plus de détails sur l'élection des capitaines
régents et leur entrée en fonctions. Voir : *Saint-Marin*,
par le duc DE BRUC (Dentu, 1876).

valle, Chiesanuova, Acquaviva, Fiorentino, Mongiardino et Faetano.

La force armée se divise en trois corps : 1° La milice proprement dite, composée de tous les citoyens valides de dix-huit à soixante ans, comprend environ 1,200 hommes parfaitement armés et équipés; 2° la garde noble ou garde d'élite (24 soldats) est chargée de protéger le Conseil Souverain et les régents; 3° la garde de la forteresse (97 hommes).

Mentionnons encore une brigade de gendarmerie recrutée à l'étranger, qui est chargée de veiller au maintien de l'ordre public, et une compagnie de 28 musiciens.

L'instruction publique est largement répandue à Saint-Marin. Outre une Université, fondée en 1691 et dont l'enseignement très complet comprend toutes les branches des sciences et des lettres, il y a un grand nombre d'écoles élémentaires et primaires où le peuple vient puiser cette instruction bienfaisante, si nécessaire surtout dans un petit pays.

La République de Saint-Marin est représentée en France par un chargé d'affaires, M. le comte de Bruc, duc de Busignano, un aimable diplomate doublé d'un homme de lettres, qui a publié en 1876, un très intéressant travail sur l'histoire et les institutions de son pays.

En outre, le petit État a des consuls dans les principales villes de France et d'Italie.

Un trésorier général est chargé de l'administration financière de la République qui n'a pas de dette publique.

Nous donnons le tableau des recettes et dépenses moyennes des 5 dernières années :

RECETTES.	LIRES.
Droits régaliens.	52,026
Impôts directs.	5,435
Impôts indirects.	4,482
Excédents.	6,123
Recettes diverses	44,497
Total	112,563

DÉPENSES.	LIRES.
Régence.	8,229
Justice	8,146
Militaire	8,442
Instruction publique.	17,197
Administration générale.	67,649
Total	109,663

III. — LE PAYS : SA SITUATION : SES PRODUCTIONS. CONSIDÉRATIONS GÉNÉRALES.

La surface de la République est de 62 kilomètres carrés; elle renferme une population d'environ 8,000 âmes, et est enclavée dans le royaume d'Italie, entre la province de Forli au Nord, à l'Est et au Sud, et celle de Pesaro à l'Ouest.

Le territoire est baigné par le *rio* Marignano, le *fiume* de San-Marino et le torrent Marano.

Les principales localités de la République sont : 1° Serravalle, qui possède une poterie (*fornello*), dont la spécialité est de fabriquer de grands vases de terre (forme étrusque) pour les jardins ; 2° Montegiardino ; 3° Faetano : on trouve dans ces deux villages le soufre, qui est surtout abondant à Faetano.

Citons encore Fiorentino, Teglio, Chiesanuova, Casola, San-Gianno, Domagnano, Cailungo, Segiano, Montecucco situé sur une colline rocheuse, et enfin Acquaviva où l'on remarque une grotte d'où s'échappe l'eau d'une source, et qui fut jadis la retraite de Saint-Marin : c'est là que les néophytes chrétiens venaient trouver le pieux ermite, pour y recevoir le baptême ; les habitants d'Acquaviva travaillent très artistiquement le corail.

On montre encore au Castellare (en français, Châtelard), une pauvre grange, qui, d'après la tradition, occupe l'emplacement d'une magnifique villa, jadis séjour d'été de cette dame romaine que Saint-Marin convertit, et à laquelle il dut la propriété du Titan, transmise par lui à ses compagnons et disciples.

Le sol San-Marinais renferme, outre les gisements de soufre dans nous avons parlé, une excellente pierre de taille appelée *marmo di San-Marino*, de l'albâtre de diverses espèces, et du manganèse, produit si utile à l'industrie pour la préparation du chlore et des chlorures décolorants.

Les eaux minérales, dites de Saint-Marin, sont, en réalité, situées hors de son territoire, dans la vallée voisine de Saint-Anastase.

L'élevage des bœufs et des porcs a donné dans la République des résultats très remarquables, aussi la grande foire aux bestiaux, qui se tient une fois par an au Borgo (le faubourg de la vieille cité de Saint-Marin), attire-t-elle, non-seulement les acheteurs des provinces limitrophes, mais aussi ceux de toute l'Italie centrale.

Le territoire de Saint-Marin produit encore de l'huile d'olive, des céréales, et de très bons vins rouges qui ont de l'analogie avec nos vins muscat ; la culture des terres est régie par un statut agraire qui date de 1811.

Depuis l'année 1839, époque où les préoccupations publiques se tournèrent tout entières vers les améliorations intérieures nécessaires au bon équilibre du petit État, le gouvernement San-Marinais n'a cessé de veiller avec la plus grande sollicitude au soulagement de la misère physique par des secours en argent ou en nature, et au soulagement de la misère morale par le développement de l'instruction.

Dans le premier ordre d'idées, des associations charitables ont été fondées, sortes de bureaux de bienfaisance, qui font porter des secours au domicile des infirmes incapables de travail, et qui aident de leurs deniers les indigents ouvriers, dont le salaire est insuffisant. Un hôpital très vaste et très bien aménagé a été construit en 1865. De plus, deux médecins et un chirurgien nommés et payés par l'État, doivent leurs soins gratuits à tous les habitants. N'est-il pas touchant de voir l'État, cette *personne morale* (comme l'appellent les philosophes), ordinairement si égoïste dans les autres contrées du globe, intervenir ici au nom de la plus sainte des vertus, la charité, pour le soulagement de ceux qui souffrent?

En ce qui concerne l'instruction publique, dont nous avons déjà parlé, ajoutons seulement que Saint-Marin possède plusieurs bibliothèques importantes. Celle de l'État contient plus de dix mille volumes, dont un certain nombre ont été envoyés par la France, comme un témoignage d'estime et d'amitié.

Les travaux de voirie, si importants dans un pays montagneux et accidenté, sont l'objet de la sollicitude constante du pouvoir.

Dans la nomenclature que nous avons donnée des différentes localités de la République, nous n'avons pas parlé de Busignano : c'est qu'à l'histoire de ce bourg se rattache un des faits les plus glorieux pour la société san-marinaise, et qui mérite une mention spéciale. Au mois de février de l'année 1320, les habitants de Busignano demandèrent à Saint-Marin la *castellanza* ou droit de cité, montrant par là le désir qu'ils avaient de vivre sous ses lois, et l'estime qu'ils professaient pour sa justice et son gouvernement. Le Titan était alors en pleine lutte avec les évêques, et Busignano se déclarait, par sa démarche, prêt à lutter jusqu'à la mort à côté de Saint-Marin.

De pareils faits étaient assez fréquents au XIIIe et au XIVe siècle, mais, comme le remarque Delfico, c'étaient la plupart du temps des seigneurs, qui contraints par la force, ou poussés par la nécessité de trouver au dehors appui et protection, demandaient à s'unir à la cité. Busignano, au contraire, nous donne le spectacle de tout un peuple obéissant à ce besoin raisonné qui provoquait les premières unions humaines, et qui forme comme la base naturelle et positive du pacte social. Busignano se montra toujours digne de la faveur qui lui fût faite, et depuis plus de cinq cents ans, ses habitants sont restés constamment fidèles à leur mère d'adoption, dont les principes politiques et sociaux peuvent se traduire encore aujourd'hui, comme ils se traduisaient alors, par cette belle devise : *comune, fortia, libertas !*

Le droit de cité que nous venons de voir conférer à toute une population, est resté de nos jours un des privilèges souverains de l'État San-Marinais. Au nombre des hommes illustres qui furent honorés de cette distinction figurent Canova, Visconti, Melchiore Delfico et Bartolomeo Borghesi.

Melchiore Delfico, né au château de Longano, près de Terano, dans les Abruzzes, mourut en 1835. Il appartenait à une famille patricienne, mais proscrit, à cause de ses opinions trop libérales, il dut se réfugier à Saint-Marin. Pour reconnaître l'hospitalité généreuse de la République, il voulut élever un monument durable à sa gloire, en écrivant son histoire, d'après les documents authentiques renfermés dans ses précieuses archives.

Cet ouvrage, intitulé : *Memorie storiche della Repubblica di San-Marino*, a été publié pour la première fois à Milan en 1804 ; il a été continué par Fabris depuis l'année 1797 jusqu'à l'année 1840, et a été réédité sous cette nouvelle forme à Florence, en 1843 ; remarquable à tous égards, il est une source précieuse de renseignements. Conseiller d'État et ministre de l'intérieur du royaume de Naples sous les règnes de Joseph Bonaparte et de Joachim Murat, Delfico dut cesser ces hautes fonctions lors de la restauration de Ferdinand en 1815 ; il fut peu après nommé président de la commission générale des Archives.

Le comte Bartolomeo Borghesi, célèbre numismate et épigraphiste savant, était né à Savignano, près de Rimini, en 1781. Il se retira en 1821 à Saint-Marin qui devint sa patrie d'adoption ; il y mourut en 1860.

« Le comte Borghesi, qui, le premier, dit M. Desjardins, a porté la lumière de son incomparable savoir et la prodigieuse sagacité de son pénétrant génie dans ces obscurités, et dans toutes ces lettres mortes d'un monde éteint, dont il fait revivre l'esprit, est un des hommes qui auront le plus compté dans l'histoire intellectuelle du monde, un de ceux qui auront le plus marqué dans notre siècle ! »

L'empereur Napoléon III, après la mort du savant, décida que ses *Œuvres complètes* seraient publiées aux frais de l'État.

Puisque nous parlons des hommes éminents qui acquirent droit de cité à Saint-Marin, il ne faut pas oublier le comte Cibrario, qui joua un rôle considérable en Italie, et qui aimait d'une affection profonde les habitants de la petite République. Cibrario était né à Turin en 1802, il fit des études remarquables, et à dix-huit ans, en 1820, poussé par un curieux pressentiment de ce que serait un jour le glorieux fondateur de l'unité italienne, il célébrait la naissance de Victor-Emmanuel, dans une ode inspirée qu'il adressait à l'*espoir de l'Italie*.

Écrivain de premier ordre, Cibrario a publié un grand nombre d'ouvrages, s'occupant surtout des grandes questions historiques et économiques ; nous citerons seulement ses œuvres capitales : L'*Histoire de la monarchie de Savoie* (Turin, 1840), et *Origine et progrès des institutions de la monarchie de Savoie* (1863). L'historien a établi dans ces ouvrages, d'une façon frappante, que l'origine de la maison de Savoie, ses vues, ses tendances, sont tout italiennes, et les événements, depuis, se sont chargés d'en donner la preuve.

Homme d'État, Charles-Albert l'envoya à Venise en juillet 1848, pour en prendre ossession, en qualité de commissaire extraordinaire du roi. Sénateur du royaume, il alla en Portugal avec le général Cologno porter une adresse du Sénat à Charles-Albert qui s'était retiré à Oporto après son abdication ; au moment du départ, le prince l'embrassa avec émotion, en lui disant : « Rappelez-vous que je vous ai bien aimé » (1850).

Successivement plénipotentiaire en France, ministre des finances, puis de l'instruction publique, Cibrario prit en 1855 le portefeuille des affaires étrangères. Il le conserva pendant la guerre de Crimée et fut un des collaborateurs les plus dévoués de la grande politique de Cavour, qui lui succéda au ministère en revenant du Congrès de Paris.

Ministre d'État en 1860, le roi le créa comte l'année suivante, et le collier de l'Annonciade vint encore récompenser ses services éminents et son dévouement infatigable.

Citoyen de Saint-Marin, le comte Cibrario saisit toutes les occasions de prouver au petit État son amitié ; il fut en grande partie l'auteur du traité du 22 mars 1862, dont nous avons parlé plus haut, et lorsqu'il mourut en 1871, il fut pleuré sincèrement par les San-Marinais, qui vénéraient en lui un grand caractère, un grand cœur et de grands talents.

Les noms des *patriciens* sont inscrits sur un Livre d'or ; enfin, en 1859, le Grand Conseil a institué l'*Ordre équestre de Saint-Marin*, destiné à récompenser les services rendus à l'État, à l'humanité, aux sciences, aux lettres et aux arts.

Les armes du pays sont :

D'argent à trois tours fortes d'azur, sur trois rocs de même ; trois flammes recourbées de gueules, sortent de ces tours et les couronnent.

L'écu est surmonté d'une couronne fermée, indiquant un État souverain, et entouré de deux branches, l'une de feuilles de chêne et l'autre de feuilles de laurier.

La devise est : *Libertas !*

La fête patronale de Saint-Marin est célébrée avec solennité le 3 septembre de chaque année.

IV. — SAINT-MARIN. — LE DROIT D'ASILE. — L'EXTRADITION.

George Sand, comparant Andorre et Saint-Marin, a écrit ceci : « L'histoire d'Andorre est patriarcale, celle de Saint-Marin est héroïque : Andorre est une paisible municipalité solidement constituée ; Saint-Marin une forteresse et une sorte d'église. Je n'hésite pas pour mon compte à donner toute ma préférence à Saint-Marin, par ce seul fait que dans toutes les époques de péril et de lutte, son rocher a servi d'asile aux proscrits et aux persécutés. » Citons quelques faits à l'appui de l'opinion de l'illustre écrivain.

Lorsque Federico, comte d'Urbin fut assassiné par le peuple en révolte, Speranza, son parent, qui avait échappé au massacre des siens, vint se réfugier à Saint-Marin, où il trouva un abri sûr et un accueil amical (avril 1322).

Nous avons vu l'évêque Benvenuto, le plus terrible ennemi du Titan, venir s'asseoir au foyer de ce peuple dont il avait conjuré la perte et y trouver oubli et protection.

Le comte Albéric de Barbiano, ayant demandé à Saint-Marin qu'un coupable qui s'y trouvait caché lui fût livré, vit sa réclamation énergiquement repoussée au nom du droit et des libertés du petit État.

Après le siège et la prise de San-Léo

par l'armée pontificale, un décret expulsa
les vaincus du territoire de leur patrie et de
celui de l'État ; Saint-Marin fut invité à
s'associer à cette mesure de persécution ;
ses habitants répondirent en accueillant à
bras ouverts leurs voisins malheureux et
exilés, et non contents de leur donner la
plus généreuse hospitalité, ils obtinrent du
pape l'absolution de l'excommunication
qui avait été prononcée contre eux.

Malheureusement l'abus que certains
individus faisaient du droit d'asile, aurait fini par créer pour ce petit pays un véritable danger, si une loi de l'année 1654
n'était pas venue mettre un terme aux
périlleux écarts des hôtes indignes de Saint-
Marin.

En 1799, les Autrichiens et leurs alliés
avaient regagné du terrain en Italie, et

Saint-Marin accueillit les partisans des idées libérales que l'on traquait alors, comme elle avait reçu les monarchistes persécutés par les républicains novateurs.

Enfin en 1849, Saint-Marin refuse de livrer aux Autrichiens Garibaldi vaincu et proscrit.

Le droit d'asile, dont nous venons de voir à Saint-Marin les manifestations diverses, fut pendant des siècles un droit sacré. L'exagération du respect dû à l'indépendance de la patrie, en fut la cause : *Liber erit qui solum Galliæ vice asyli contigerit*, disaient nos aïeux, et les San-Marinais auraient pu, comme eux, répéter cette fière parole.

Au moyen âge, du reste, il offrait plus d'avantages que d'inconvénients, car il eut souvent pour effet d'adoucir la rudesse des mœurs barbares, en arrêtant des violences trop souvent sanguinaires, et en permettant à la justice d'intervenir avec ses formes protectrices, avant que le coupable ne fût frappé.

D'un autre côté, à cette époque, ce qu'on appelait la justice était la plupart du temps l'instrument des vengeances privées, ou obéissait à l'arbitraire de ceux qui détenaient le pouvoir et par conséquent la force.

Mais à travers les siècles, le progrès poursuivant sa marche lente mais sûre, la justice acquit peu à peu cette indépendance et cette impartialité qui sont nécessaires à la régularité de son administration et à la dignité de ses arrêts. Dès lors, le droit d'asile devenait un abus, et il devait disparaître des usages des nations. Remarquons qu'il ne s'agit ici que de ce droit d'asile, qui protégerait et encouragerait le mal, en assurant l'impunité aux criminels de droit commun ; car en ce qui concerne les crimes, ou mieux les faits politiques, l'asile international leur est toujours ouvert, parce qu'il est pour ainsi dire sans inconvénient.

Le droit d'asile étant donc condamné au nom de la morale publique et de l'intérêt bien entendus des peuples, la nécessité de l'extradition s'imposait. L'extradition que Borsari a appelée la négation du droit d'asile (*la negatione del diritto di asilo*), consiste dans le fait de livrer à un gouvernement étranger l'inculpé ou le condamné auquel un crime est imputé, afin d'assurer partout, dans un intérèt commun, l'action de la justice répressive.

Saint-Marin, par sa situation au centre de la Romagne, pouvait devenir le lieu de rendez-vous des malfaiteurs, des déserteurs et des réfractaires de la Péninsule, qui, spéculant sur les garanties de son indépendance, auraient pu devenir un réel danger pour son autonomie... Instruite par l'expérience qu'elle en avait faite elle-même au XVIIe siècle, des graves inconvénients du droit d'asile, si souvent poussé jusqu'à l'abus, la République voulut régler d'une façon définitive la question de l'extradition. En conséquence le traité du 22 mars 1862, conclu avec Saint-Marin par le comte Cibrario au nom du royaume d'Italie, assura l'exécution internationale des sentences, et l'extradition des criminels de droit commun. Il est bien entendu, que les faits politiques ne furent

en aucune façon envisagés dans ce traité ;
les proscrits et les persécutés trouveront
toujours un asile sûr et une protection
bienveillante sur le mont Titan.

La situation de Saint-Marin, au point de
vue de l'extradition des malfaiteurs, réglée
d'une façon si équitable entre la République et l'Italie, est encore en souffrance
en ce qui concerne la France. Il n'existe, en
effet, aucun traité entre ces deux pays ; ce
qui faisait dire dernièrement à un membre
éminent du corps diplomatique, au cours
d'une conversation qu'il avait à Paris avec
M. le duc de Bruc : « Il y a là, une sérieuse lacune à combler ; car, à un moment
donné votre pays peut avoir à souffrir de la
présence de malfaiteurs qui, venus de
France, auront pu échapper à la police
italienne, et se réfugier chez vous. ».

A cela on pourrait peut-être répondre, qu'il reste au gouvernement San-Marinais le droit d'*expulsion ;* mais l'usage de ce droit est peu compatible avec les principes de vraie liberté qui sont en honneur sur le Titan, et un traité d'extradition serait bien préférable sous tous les rapports.

CONCLUSION

J'étais retourné à la Rocca, pour revoir avant mon départ le splendide panorama qui m'avait tant impressionné lors de mon arrivée à Saint-Marin. Le soleil allait disparaître à l'horizon ; il avait fait une de ces splendides journées d'automne dont le soir est si poétique ; pas de vent, un calme profond, un grand recueillement de la nature.

Je contemplais vaguement la vallée verdoyante qui s'étendait à mes pieds ; un

berger rentrait au Borgo, en poussant devant lui son troupeau, dont les sonnettes
tintaient gaiement, tandis qu'il chantait
une chanson du pays. Et, en présence
de ce tableau champêtre je pensais :
Onofri fut vraiment un sage lorsque répondant aux offres de Bonaparte, il disait :
C'est l'ambition qui compromet la liberté.
Oui, c'est bien dans la simplicité des
mœurs que réside le bonheur des peuples,
et me retournant pour contempler une dernière fois les flots de l'Adriatique magnifi-
quement colorés par le soleil couchant, il
me sembla que du fond de la mer, dans le
vague de l'horizon, deux villes surgissaient,
Venise la reine, Gênes la superbe. Je les
voyais d'abord, républiques prospères et
lettrées, mais sacrifiant bientôt à l'esprit
d'envahissement et au désir de dominer,

puis, peu à peu, déchues, ruinées, esclaves, dépouillées de leurs richesses et de leurs libertés ; je voyais leurs palais déserts ; je me disais : voilà le résultat de leur orgueilleuse ambition. . . . .

. . . .

Le lendemain, je quittais Saint-Marin ; en sortant de l'enceinte, je me retournai pour jeter un dernier regard à la cité : le temps était sombre, le ciel menaçant ; mais tout à coup, perçant les nuages, sur la vieille porte ogivale, un rayon de soleil vint dorer de ses chaudes caresses le blason de la République, d'où se détachait fièrement l'immuable devise : *Libertas !* Cette lumineuse auréole avait comme un éclat divin, et semblait un hommage céleste rendu aux vertus du petit peuple dont je venais d'être l'hôte. Plein d'une religieuse émotion, je

m'éloignai, après avoir salué une dernière
fois la terre de la *perpétuelle* liberté et
des vertus antiques, en répétant ces mots
qu'Onofri prononçait souvent : « *In pico-
lezza Liberta !* »

TABLE

INTRODUCTION

CHAPITRE Ier

CHAPITRE II

LE FONDATEUR

CHAPITRE III

HISTOIRE DE LA RÉPUBLIQUE DE SAINT-MARIN

CHAPITRE IV

LÉGISLATION. GOUVERNEMENT. ADMINISTRATION.
PRODUCTIONS.

CONCLUSION

www.ingramcontent.com/pod-product-compliance
Ingram Content Group UK Ltd.
Pitfield, Milton Keynes, MK11 3LW, UK
UKHW021524090726
13657UKWH00001B/397